Valentina García González

Dolor, Cáncer, Perdón y Esperanza

Los caminos recorridos en mi vida

Primera Edición marzo de 2025 Para Amazon

ISBN: 9798313421032

Dolor, Cáncer, Perdón y Esperanza: Los caminos recorridos en mi vida.

Trabajos editoriales: www.coachingconductual.mex.tl/
Email: friveramelo1@hotmail.com
Caucel, Mérida, Yucatán, México
CP 97314
DISEÑO PORTADA Y FORMACIÓN | Fernando Rivera Melo

Valentina García González

Dolor, Cáncer, Perdón y Esperanza

Los caminos recorridos en mi vida

ÍNDICE

Dedicatoria

Queridos lectores, este libro va dedicado especialmente y en primer lugar a ese ser superior, como yo lo concibo, llamando Dios, pues sin él nada de esto hubiera sido posible, a mis padres Ofelia González Franco y David García Loa, quienes me dieron la vida y me dieron lo mejor posible, dentro de sus posibilidades, a mis abuelos paternos Asunción Loa y Venancio García quienes tomaron el papel de padres después de la ausencia de los míos, a mis hermanos, Lucia, Graciela, Patricia, Ramiro y Ofelia quienes, a pesar de nuestras diferencias, siempre me apoyaron.

A mi tío José Carrillo, quién con su sabiduría, depósito una semilla de fe y esperanza en mí, a mí tía Rosa María Sotelo, quien fue la que me refugió cuando estaba completamente desamparada y sola y tomó la función de madre, a mí prima Cristina Franco (la chapis), quien fue un ángel en mi vida, a mí hija sobrina Ashley Shaden García, quien me dio la oportunidad de sentir lo que es ser madre, a todos y a cada uno de mi familia quienes me aprecian y me aman, a todos mis amigos, especialmente a los grupos de AA 4° y 5° paso, a la compañía HERBALIFE, la que me apoyo con mi salud, a las escuelas de desarrollo humano y a sus entrenadores Dra. Teresa Rivera Melo y Vicente Fernando Rivera Melo, a Susan Young, directora de la escuela Descubrir, a los desconocidos que Dios puso en mi camino para apoyarme y guiarme a lo largo de estos 46 años de vida, gracias por quererme.

En este libro podrás encontrar una combinación de experiencias vividas que me llevaron a tomar decisiones erróneas, pero que, a lo largo de él, podrás encontrar un sin fin de aprendizajes, entre dolor, enfermedades y accidentes, y podrás ver cómo he logrado levantarme y seguir adelante, confiando en que con Dios de mi mano, todo, todo es posible y siempre podrás encontrar -si así lo eliges- un futuro prometedor, siempre y cuando elijas perdonar y quitarte pesos de encima que no te corresponden, cómo yo lo hice.

Quiero invitarte a que termines de leerlo y espero de todo corazón que te sea útil, para ti o para alguien que conozcas que haya pasado o esté pasando por una situación similar.

Mi intención al escribirlo, es que puedas ver con mi resultado que siempre hay una luz al final del camino, siempre y cuando tengas fe y esperanza, si yo pude tú también puedes, ánimo, quiero agradecerte por el simple hecho de que hayas comenzado a leerlo y llegues hasta el final.

Mil gracias, bendiciones.

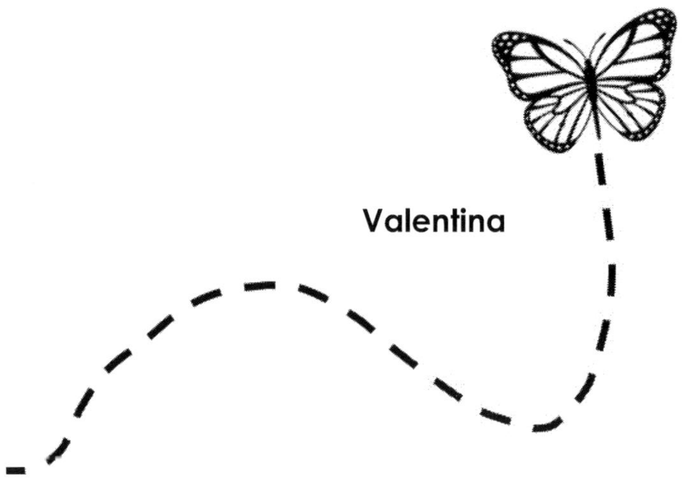

Prefacio

Cuando Valentina me contactó para platicarme sobre su interés de escribir su libro, pensé que ya tenía una idea clara sobre el tipo de cosas que quería plantear en él; sin embargo, al poco tiempo nos dimos cuenta -los dos-, que sería un poco más complicado de lo que parecía ser, pues para comenzar, ella no tenía en qué hacerlo, es decir, que no contaba con la herramienta básica para escribirlo, una computadora. Eso nos dio risa nerviosa a los dos, pero no nos desanimó esa circunstancia para continuar, pues hoy por hoy, la tecnología es un gran aliado para quienes no cuentan con ese recurso.

Le comenté que bien podría hacerlo desde su teléfono celular con pequeños mensajes escritos que irían tomando forma de texto, y que así, no tendría otro pretexto para no hacerlo. Lo que yo quería era animarla a que se comprometiera con su sueño y así fue.

Yo en lo personal pensé que para ambos sería todo un desafío, pero que para mí se convertiría en muchísimo trabajo -lo cual fue cierto-, al estar transcribiendo sus pequeños textos a un formato mayor, en un procesador de palabras como "Word".

Así comenzamos las dos primeras semanas y mi teléfono rápidamente se vio saturado de mil mensajes por Whatsapp con pequeños fragmentos de texto que habrían de ir tomando forma, pero nos dimos cuenta de que necesitaba de algo más, así que le recomendé que se comprara una lap-top y en su lugar compró una Tablet para poder continuar, también le dije que bajara una aplicación para convertir "voz en texto" y así lo hizo, los primeros textos que me envío fueron difíciles de traducir a un texto normal, ya que esa aplicación no ponía "comas, puntos o acentos", y al principio fue complicado, pero poco a poco fue fluyendo en trabajo de escribir.

Para mi grata sorpresa, Valentina no se desanimó y siguió haciendo su parte con mucha dedicación, lo cual le aplaudo, por mostrarme su tenacidad y empeño. Tiempo despues, nos dimos cuenta que en la Tablet podía escribir textos más largos y mandármelos por correo y ya para entonces su agilidad y soltura fueron notables.

De ahí hasta el final continuamos haciéndolo así, lo cual creo que fue un gran acierto, porque permitió que ella pudiera continuar escribiendo en forma muy natural, pues, así como hablaba, así se escribía.

Este libro fue tomando forma y se fue convirtiendo en un profundo y emotivo compendio de experiencias, que como su título indica, están cargadas de "Dolor, cáncer, perdón y esperanza, que justamente han sido los caminos por los que ha transitado, los cuales me atrevo a presentar a continuación:

En el nos acercaremos a conocer su experiencia directa con el cáncer, desde que la diagnostican hasta su tratamiento y recuperación, no sólo de uno, sino de dos procesos muy fuertes, en donde irán descubriendo aquellos desafíos físicos y emocionales que tuvo que enfrentar en torno a esos procesos.

Así mismo, nos llevará de paseo por situaciones de vida que pasan por los caminos del dolor y la pérdida humana, no solo debido al cáncer, sino a otras experiencias difíciles de sobre llevar, como consecuencia de haber tomado algunas decisiones complejas, que la llevaron a enfrentarse a una vida llena de desafíos emocionales y existenciales, donde si leemos con atención, descubriremos a un autora reflexiva que busca mostrarnos de frente la importancia del perdón y la liberación del alma, como parte de esos procesos de sanación interior tan necesarios en la vida. El perdón entendido como aquel proceso que nos ayuda a liberarnos de la amargura y el resentimiento que en ocasiones se va acumulando muy adentro de nosotros.

Por otro lado, también nos muestra cómo es que, en su andar, a veces inocente, otras con cierta torpeza y confusión, va contactando con la esperanza y resiliencia en su camino, las cuales destaca en ciertos procesos de vida, al encontrarlas como fuerzas interiores para seguir adelante, a pesar de los desafíos que la vida le ha presentado.

Es notable para mí, ver cómo es que, entre líneas, ella nos va regalando algunas lecciones bien aprendidas sobre espiritualidad y fe, en su propio proceso de sanación, mismo proceso que la ha ayudado a encontrar un sentido y propósito en su experiencia de vida, que le ha generado una especial y sensible conexión con los demás, pues a partir de dichos procesos, sus relaciones con familiares, amigos y seres queridos se han visto gratamente beneficiados y mutuamente correspondidos, por ser también ellos, parte importante de su restauración y ayuda, al superar juntos sus desafíos de vida.

Si nos acercamos a la lectura de este libro con sencillez y humildad, podemos encontrar en él lecciones aprendidas y consejos prácticos que ayudan a superar grandes desafíos, y que solo aquellos que puedan estar pasando por situaciones o experiencias similares podrán avalar y aquilatar en todo lo que valen.

El éxito de este libro, en mi opinión, radica en el bienestar liberador de emociones atrapadas en el tiempo y que ya está procurando en aquellos que, como yo, nos enchumbamos de la riqueza emocional -aunque dura- de las historias de vida compartidas por Vale. Por último, quiero destacar que, el hecho de haber vuelto a contactar con esos sentimientos y experiencias pasadas, también la han transformado en una mujer que, hoy más que nunca, está situada de cara en el presente y con miras hacia el futuro, donde en ellos, no existe rencor ni resentimiento, pues como ella misma lo dedujo, son, el presente y el futuro lo que importa de ahora en más, pues entiende que es necesario avanzar más liviano de equipaje emocional, que en ocasiones nos estorba, y que el pasado es algo que no podemos cambiar -como hecho-, pero si la interpretación que podamos crear de él, para asistir al encuentro que la vida tiene preparado para nosotros, caminando por ese sendero que tiende a nuestra propia plenitud.

Yo diría en resumen que "Dolor, cáncer, perdón y esperanza: Caminos recorridos en mi vida" es un libro que nos ofrece un punto de vista profundo y personal sobre experiencias fuertes como el cáncer y la sanación interior, además de ser inspiración y esperanza para quienes están pasando por experiencias similares en su vida y también para los que tienen una historia que merece ser contada, pues la vida es solo eso, un sinfín de historias hiladas en cada vida.

No me queda más que agradecerte Vale por la oportunidad de acompañarte en este gran sueño, que sé, y bien que sé, que no será sino el primero de muchos otros grandes logros en tu vida.

Arq. Fernando Rivera Melo
Maestro en Desarrollo Humano
Mérida, Yucatán, México, marzo ,2025

Mi familia y mi infancia

Quiero comenzar por presentarles a los integrantes de mi familia, mi padre David García y mi madre Ofelia González, ellos tuvieron 6 hijos que en esta foto pueden apreciar, nos acomodaron de acuerdo a la edad. a mano izquierda la mayor, mi hermana Lucía, seguida por mi hermana Graciela, después Patricia, le sigue mi hermano Ramiro, el único hombre, después sigo yo, Valentina y por último mi hermana Ofelia, la más pequeña.

De Izquierda a derecha: Lucía, Graciela, Patricia, Ramiro, Valentina, Ofelia

Nuestra familia ha sido una familia disfuncional, como muchas en México, con padres ausentes.

Mi padre emigró a los Estados Unidos cuando éramos muy chicos y mi madre se quedó a cargo de nosotros, nunca hubo una foto familiar completa con mis padres, mi papá solo volvía por temporadas, y así fue como mi mamá quedaba embarazada y sola y poco a poco comenzó a enfermarse, Cuando eso pasaba, tenía que irse a la Ciudad de México con mis abuelos Andrés y Polonia, los cuales nunca aceptaron a mi padre.

En esos tiempos se acostumbraba robarse a las novias, y por esa razón se llevó a mi mamá muy lejos, a un pueblo llamado Valle de Bravo, ahí nació mi hermana Lucía. Ella cuenta que en esa época sufrieron demasiado y que prácticamente mi padre las había abandonado y que por poco se mueren; y fue ahí, dónde comenzó una vida diferente, ya que mi padre (no sé por qué razón) comenzó a escarbar una roca que estaba al lado de la casa de mis abuelos y esa roca se convirtió en nuestro hogar durante toda mi niñez, en la foto siguiente se puede apreciar la parte de enfrente donde estaba la puerta que era muy grande, parecía una media rosca o una "u" y en medio tenía una ventana grande y al final tenía otra.

Fuimos un fenómeno en los alrededores porque vivíamos ahí, en una cueva, tanto, que fueron a entrevistar a mi abuelita de parte del periódico de ese entonces, en la foto se puede apreciar que está mi abuelita y uno de mis tíos, Hipólito.

Para nosotros ese lugar fue mágico, teníamos nuestra propia chimenea y cuando estaba muy húmedo porque estaba entre los peñascos la encendían para que calentara la cueva el humo salía entre las piedras y a las personas que pasaban por ahí les resultaba muy interesante.

Foto de mi casa hecha dentro de una piedra.

Aparte como la roca era de una piedra suave llamada "tepetate", tenía una temperatura agradable, pues cuando a fuera hacia demasiado calor, a dentro estaba fresco y cuando a fuera hacia demasiado frío, a dentro estaba caliente, tanto que las ventanas amanecían goteando y empeñadas por el calor que hacía a dentro, así que éramos felices viviendo ahí, o al menos yo sí, pero como todo, también tenía sus bajos, porque en temporadas de lluvia, bajaba demasiada agua del cerro y en la parte de arriba de la casa había un hoyo, no muy grande, pero caía una enorme cascada de agua, la cual traía mucha basura, ramas, piedras y tierra y por consecuencia se tapaba una zanja o desagüe que había ahí y se inundaba todo.

Recuerdo Como mi madre nos subía a la cama y ella luchaba por rescatar lo que más podía, porque la corriente arrasaba con todo a su pasó y se llevaba las cubetas y todo lo que teníamos en el suelo; después venían días de mucha humedad y recuerdo que sacábamos las cosas afuera cuando salía el sol para que se secaran, no estoy segura, pero sin duda dormíamos afuera bajo las estrellas. Todo eso en nuestra inocencia de niños ni lo sentíamos como malo.

Cuando mi abuelo aún vivía todo era muy diferente, pero cuando el faltó fue algo realmente muy triste para todos, porque poco a poco todo se fue derrumbando y acabando.

A pesar de eso, recuerdo que nuestras navidades eran algo muy bonito, mi mamá, hacía todo lo posible para que no notáramos la ausencia de mi papá y también la escasez de dinero y siempre hubo por lo menos, una bolsita de dulces con un regalo pequeño, y pues la verdad, ella hacía todo lo posible para que nosotros no estuviéramos con las carencias que ella pasaba, al no podernos dar lo que ella quería; y bueno, de la primaria la verdad no tengo muchos recuerdos, solo recuerdo al maestro y todo lo que nos ponía a hacer en las vacaciones para que nos aprendiéramos todos los libros de la biblia, la verdad, no sé por qué razón, pero él nos ponía a hacer eso, tal vez para que trabajáramos nuestra mente, no lo sé, pero si recuerdo que desde ese entonces, a mí me llamaba mucho la atención todo lo que tenía que ver con el tema espiritual, por esa razón, me imagino que soy así, son cosas que más adelante les voy a ir contando, para que vean que todo lo que voy a escribir de mi niñez, tuvo un lazo fuerte en mi vida adulta.

Así fueron pasando los años y con el tiempo me convertí en una niña retraída, callada y distante de todos mis hermanos, quienes contribuían mucho a mi forma de ser, comenzando con los apodos y las diferencias sobre mi color de piel, y eso fue la clave para sentirme diferente a todos. Yo tenía el color de piel de la familia de mi papá, un poco más obscura a comparación de mis hermanas que se parecían a la familia de mi mamá.

Mi mamá era muy güera y a mí me decían o me apodaban de muchas formas mis hermanos y mis primos, me decían algo así como "pan quemado" o "prieta color de llanta", no sé si lo hacían por inocencia o esa maldad infantil, mi papá me decía "la negrita sandía" y muchas otras que no recuerdo, pero que tenían que ver con mi tono de piel, entonces por eso siempre me sentí muy diferente, como que no pertenecía a mi familia y bueno, con el tiempo me di cuenta que por esa razón, siempre trataba de llamar la atención.

Recuerdo que de niña me colocaba frijoles en la nariz -como tapones- y ya después cuando no me los podía sacar, mi mamá acudía en urgencia para quitármelos, también recuerdo que una vez me metí un botón de la ropa a la nariz y ella, en su desesperación por quererme ayudar me agarraba y me sacudía y entonces eso para mí estaba bien y se sentía bien también, porque no encontraba la forma de decirle a mi mamá que necesitaba o quería que me abrazara, entonces esa era la forma de llamar su atención.

Recuerdo también que me hacían mucha burla cuando comíamos todos en la mesa, yo no era capaz de pedir ni una tortilla, no sé, me terminaba todo hasta que alguien más se daba cuenta y usaba una forma -digamos no correcta- para decir: ya pásenle otra tortilla a esa muchacha mensa, no ven que ella no la pide y todos se empezaban a burlar de mí, y todo eso yo sentía que no estaba bien desde mi punto de vista, entonces todo eso a mí me hacía sentir muy pero muy mal, porque lejos de ayudarme, me hacían todavía más daño del que ya traía cargando.

Esas actitudes poco a poco fueron formando a una niña tímida e insegura, falta de carácter que siempre terminaba llorando por los rincones por la impotencia de no saber cómo defenderse, así pasaron los años y bueno, ya cuando salí de la primaria y comencé a ir a la secundaria y comenzó un mundo muy diferente.

Ya en la Secundaria dejé de ser una niña

Yo pienso que en ese entonces era callada y algo que odiaba era que el camión en el que nos íbamos a la escuela, en ocasiones nos dejaba y entonces llegábamos tarde y para mí era muy frustrante llegar a tocar y que todos se me quedaran viendo porque había llegado tarde, eso no me gustaba, me hacía sentir como poca cosa y ser juzgada por los chicos que se me quedaban viendo como diciendo ¿y está, por que llega tarde? Y es que en la secundaria había varios chicos que me llamaban la atención, que me gustaban, pero siendo como era nunca me atreví a hablarles, ni aceptar a alguno de ellos.

También recuerdo en la secundaria que pasamos alguna etapa de escasez, no sé por qué razón, pero creo que mi papá dejó de mandar dinero o algo así, creo que no estaba de acuerdo que nosotras las mujeres estudiáramos porque él tenía su creencia de que no servía de nada que las mujeres estudiaran porque al fin y al cabo nos íbamos a casar y después no nos iban a servir para nada los estudios, la verdad es que la gente de antes pensaba que las mujeres solamente eran para estar en la casa atendiendo al marido y los hijos y no debían de desarrollarse en ningún aspecto profesional ni nada de eso, pero aun así, mi mamá si nos dio estudios porque unas de mis hermanas las más grandes si tuvieron estudios y ellas fueron profesionales en lo que estudiaron y no, yo no quise este estudiar después porque -ya les contaré- como fue que cambió mi vida por las malas decisiones que tomé.

En ese lapso de estudios cuando iba en segundo -si mal no recuerdo- me llegó mi período menstrual cuando yo tenía trece años, casi catorce, y la verdad fue de una forma muy imprudente porque me pasó cuando íbamos de la escuela a la casa y yo iba de pie en el autobús y entonces solo sentí que me había bajado algo, así que me bajé inmediatamente y sí, cuando llegue a la casa me revise y era mi período y me sentí avergonzada y la verdad, no recuerdo si le dije a mi mamá o no porque con eso de que yo no hablaba ni decía nada la verdad no recuerdo, entonces desde ahí mi cuerpo ya me estaba indicando que no iba a ser normal, pero no le preste atención porque solo me bajó esa vez y tardó meses para que me volviera a bajar.

Me parece que yo era demasiado nerviosa y mi sistema hormonal no estaba bien y que tenía que haberme atendido desde ese entonces para que me controlaran y me estabilizaran el sistema hormonal, pero creo que no hice caso sobre eso en aquel entonces, porque si me hubiera atendido no me habrían llegado esas consecuencias que más adelante les contaré.

Recuerdo que mi mamá se iba a la Ciudad de México cuando estaba muy enferma a casa de mi abuelita, su mamá, y nos dejaba solas a mi hermana la más chica y a mí, casi siempre nosotras vivimos solas ahí en la casa, no recuerdo si para ese entonces mi hermano ya había emigrado para los Estados Unidos, porque como notaba que mi papá no se estaba haciendo responsable del todo, él quiso irse para allá para poder ayudarnos económicamente a mi madre y a nosotras, así que como mi mamá estaba delicada de salud pues la cueva ya no era un lugar seguro para nosotras, porque como era de piedra soltaba mucha tierra y entonces ella necesitaba estar en un lugar muy limpio y fue entonces que nos cambiamos a una casita que estaba más abajo y que acondicionaron para mi mamá, por la razón que les cuento de que ella estaba muy delicada de salud y fue en ese lugar cuando todo cambió para mí.

El precio de mi inocencia

Como les comenté, mi mamá nos dejaba mucho tiempo solas a mi hermana y a mí, y fue allí donde mi hermana Graciela comenzó a llevar a su novio de ese entonces, llamado Alejandro. Lo llevaba a ver la televisión, pero más que nada lo llevaba a comer y estar ahí un rato conviviendo con él, fue así cuando todo comenzó.

Mi hermana Graciela era como 6 años mayor que yo y este muchacho era menor que ella, no tanto, pero si unos años y todo estaba normal, él iba casi todos los días, por no sé cuánto tiempo, yo tenía como unos trece o catorce años, no recuerdo bien, y fue cuando él -no sé si comenzó a fijarse en mí- porque yo era una muchacha muy ingenua y él lo sabía, la verdad, yo no había tenido novio en ese entonces, ni sabía nada lo que era eso de tratar a un hombre ni nada, pero en una canción que estábamos viendo la televisión y ellos estaban sentados en el mismo sillón y él tomó su chicle de la boca y por la espalda de mi hermana me lo pasó a mí.

La verdad él era un muchacho muy ocurrente, muy bromista y se la pasaba diciendo siempre tonterías y nos hacía reír, a mí me caía muy bien y para ser honesta, me gustaba, pero la verdad nunca pensé que eso pudiera suceder, yo sabía que era el novio de mi hermana, después de cometer el error de comerme el chicle, ese fue el detonante para que él comenzara a fijarse en mí de otra manera.

Hasta la fecha, no sé por qué razón fue que quedamos de vernos después de que fue a dejar a mi hermana, no lo sé, pero lo que sé es que él sabía muy bien que mi hermana más chica y yo estábamos solas y que podía regresar sin ningún problema; y yo, tontamente salí con él y estuvimos hablando, obviamente ya sabía que quería y lo que iba a pasar. Yo, tal vez en mi deseo de tener novio o algo así, y aunque mi forma de ser fuera tan tímida y tonta, no me permitía tener ninguna relación con nadie, solo vivía estando sola y no hacía más nada de relación con nadie

Recuerdo que él, entre broma y broma, se fue acercando a mí y obviamente se acercó a besarme, yo no dije nada y me quedé paralizada y recuerdo que solamente apreté mis labios muy fuerte y a él le daba risa e intentaba abrírmelos con su lengua, cosa que a mí me dio mucho asco y me retiré, pero él insistió y me dijo "es que así no es", yo le dije es que yo no sé, y así comenzó todo, porque a partir de ese día no solamente fue ese beso, su objetivo era estar conmigo sexualmente y así pasó.

Al siguiente mi día yo estaba súper confundida y me sentía súper mal, me sentía sucia y pensaba en mi hermana y en lo que podía pasar, pero allá, las creencias de la gente y lo que se escuchaba era que, si ya habías fracasado (fracasado significaba perder la virginidad con alguien), pues le pertenencias a esa persona y eso era lo que yo pensaba, ¿ahora que iba a hacer? y ¿cómo me iba a casar con él, sí era novio de mi hermana?

Entonces me di cuenta que me esclavicé yo sola, y aunque no me encerré en mi mundo y no le dije a nadie lo que había sucedido, comenzamos a vernos a escondidas y obviamente para él no era ningún problema porque sabía que nosotras estábamos solas, así que hizo lo que quiso.

No sé cuánto tiempo pasó de eso, pero fueron unos meses, antes de que mi hermana se enterara en ese trágico día que mi hermana fue a mi cuarto y se dio cuenta que él estaba durmiendo ahí, porque él había llegado súper borracho y yo le había dicho que se durmiera un rato y después se fuera, porque obviamente no quería que estuviera ahí porque estaba muy cerca del cuarto de mi hermana y yo no lo esperaba, pero llegó tan tomado que lo deje pasar para que se le pasara la borrachera.

Aquí quiero hacer una largo y pausa por todos los recuerdos que se vinieron de golpe a mi cabeza y corazón…

Querido lector estoy nuevamente de vuelta después de unas cuantas horas de haberme tomado un receso para poder continuar con la historia. Tomé unos minutos para respirar, llorar y sacar todos esos sentimientos que yo pensaba que ya no existían dentro de mí, pero que aún me afectan mucho al estar recordando todo eso.

Quiero que sepas que no es fácil para mí y que espero no incomodarte porque aún me duele bastante el poder plasmar toda esta parte de mi historia que me llevo a vivir tragos demasiado dolorosos en la vida, pero también han sido esos mismos tragos amargos los que me han ayudado a salir adelante, a pesar de todo.

El encuentro y la pérdida de mi madre

Bueno, continuaré recordando que después de evitar que mi hermana Graciela se tomara esas pastillas porque se sentía muy mal y quería acabar con su vida, al día siguiente, ella fue a buscarme a mi cuarto y me preguntó que si estaba embarazada y yo le dije que no, que no sabía realmente, pero que yo creía que no, ella se fue muy triste y regreso al siguiente día y me dijo que me iba a llevar con mi mamá a la Ciudad de México y que me iba a quedar allá para cuidarla, claro que su objetivo era alejarme de Alejandro porque no quería que estuviera con él y era lógico, pues le había dolido bastante lo que pasó.

Cuando llegué con mi madre me di cuenta que estaba muy grave, estábamos dializándola tres veces al día y mi hermana Patricia era la que se había quedado allá, con ella, haciendo todo eso, así que le resultó de maravilla el que me hubieran llevado para que yo pudiera continuar atendiéndola en ese momento, aunque claramente yo estaba muy triste y muy dolida porque yo no quería irme para allá y dejarlo todo.

Dentro de todo el drama y el dolor que hubo en ese momento siempre existió una lucecita en mi camino y, para mi buena suerte, tuve la oportunidad de estar con mi madre en sus últimos meses de vida. Dios, el universo o como cada quien lo conciba, me dio la oportunidad de estar ahí unos minutos antes de que ella falleciera, tuve la oportunidad de conocerla aún más y de saber que era una persona dulce, pude reír con ella y hasta de hacer trampa con sus comidas y traerle unos cacahuates salados con chile de vez en cuando que tanto le gustaban y que no le dejaban comer; por otro lado, no había una sola noche que no llorara y recuerdo que me dormía hasta que me cansaba de llorar.

En esos días, mi mamá y yo planeábamos que ella quería morir en nuestro pueblo y también festejar el cumpleaños de mi hermana Ofelia que cumplía años el 29 de junio de ese año, la verdad no recuerdo bien, pero solo sé que ella cumplía catorce años y mi mamá estaba muy emocionada porque pensaba que podía verla y llevarle un regalo.

Recuerdo que, en esos días, había mucha lluvia y ese día ella se quiso bajar sola a la casa de mi abuelita Apolonia y se cayó y se lastimó el pie, lo tenía muy lastimado y negro, le dolía mucho y todos los días, en las noches, se quejaba bastante y no podía dormir y solamente se oían sus quejidos.

Recuerdo que mi abuela le llevo una persona para que le sobar el pie, pero me parece que se lo lastimó más, porque tal vez lo tenía fracturado y aunque era una persona que sabía sobar, solo le puso una venda y se le hizo mucho más feo y no le ayudo en nada. Pasaban los días y ella no se recuperaba, recuerdo una noche que me levante a hacerle la diálisis a las 5 de la mañana y su pie lo tenía súper hinchado y bien caliente, le habían puesto unas hojas de un árbol -no sé para qué- quizás para que se le quitará lo hinchado, pero no le sirvió de nada, entonces le hice la diálisis y apague la luz para quedarnos dormidas otro ratito y apenas escuché que se estaba ahogando y prendí la luz y no sabía que era lo que le pasaba, ella solo me miraba y estaba como convulsionándose, yo me fui rápido con mi abuelita y le dije que mi mamá estaba mal, me dijo que le llamara a mi tío Nemesio y él llegó rápido y la saco en brazos y se la llevó al hospital, pero al poco tiempo, como a las dos horas -no recuerdo bien- nos avisaron que había fallecido y que ya no habían podido hacer nada.

Cuenta mi hermana Lucía que ella la llevaba en sus piernas acostada y ahí fue el último suspiro de mi mamá, con ella.

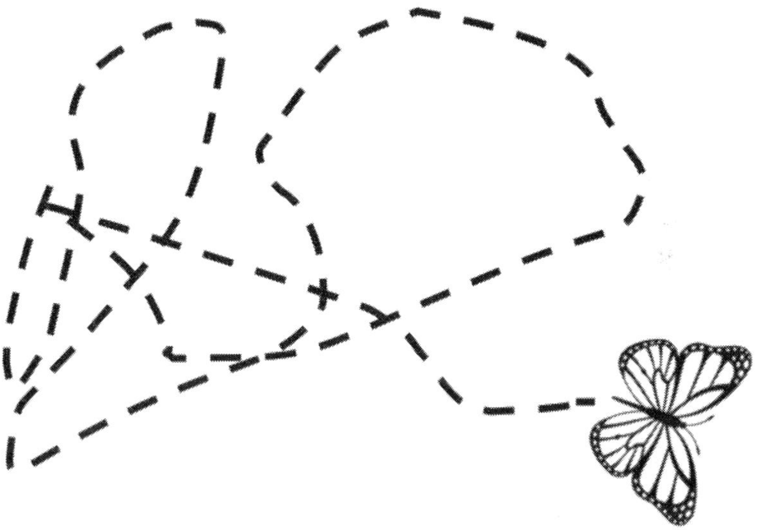

Querido lector, quiero que sepas que tengo un nudo en la garganta y no puedo evitar llorar al recordar todo esto tan doloroso, y ahora que lo estoy experimentando nuevamente es cómo regresar a ese momento y vivirlo otra vez, es difícil, pero haré todo lo posible para poder narrarlo.

Para sorpresa de todos, mi madre falleció el 29 de junio, el día del cumpleaños de mi hermana Ofelia, ella estaba tan preocupada pensando en qué regalo llevarle y nunca nos imaginamos que su regalo iba a hacer ella misma ya fallecida.

Duramos mucho tiempo para volver a festejar el cumpleaños de mi hermana, porque por alguna razón o no teníamos dinero o pasaba una u otra cosa, pero no lo podíamos festejar, tal vez inconscientemente teníamos muy marcado ese día y ese dolor en nuestras vidas, lo queríamos evadir de alguna manera o bloquearlo para no sentir dolor.

Le hicimos su funeral a mi mamá y recuerdo que fue igual como se hacen allá en los pueblos, fue mucha gente y le estuvieron cantando y rezando toda la noche, yo estaba tan confundida y tan desorientada que no sabía qué hacer e incluso después supe que mis hermanas se habían atrevido a decir que probablemente yo la había matado para poder regresar a verme con Alejandro, esa y muchas otras cosas fueron clavando en mi corazón un profundo dolor, rencor, desamor y tristeza, porque a partir de ahí, fue el tormento en que prácticamente fui crucificada por toda mi familia. Fui juzgada como adulta siendo una niña que tenía tan solo quince años.

Y COMENZÓ MI CALVARIO

En ese entonces no tenía conciencia de que yo era una niña, por cómo me trataban y yo sí me creí que era la única culpable y que me merecía lo peor y que no valía nada.

El sentir el rechazo y la espalda que me dieron todos hizo que realmente me aislara completamente y sintiera como si estuviera cayendo en un abismo que no tenía final, un abismo de soledad y tristeza.

Afortunadamente, mi abuelita se dio cuenta rápido y recuerdo que en esos días en que yo me quedaba en su casa, en su cueva donde se quedaba con mi abuelito anteriormente, porque yo ya no podía irme a vivir con mis hermanas por todo lo que me hacían y decían, ella se daba cuenta de todo lo que ellas también hacían y decían y un día la escuché hablar con mi papá y le dijo que hablara conmigo o que me llevara con él o que él me dijera que me fuera con el muchacho, con Alejando, porque yo me iba a morir ahí seguramente porque veía mi tristeza.

Para mi sorpresa, mi papá tuvo la delicadeza de hablar conmigo y decirme que si me quería ir con él para Estados Unidos o que le dijera al muchacho Alejandro que me viniera a buscar para que me fuera con él, que fuera hombre y que me respondiera, y fue así que hablé con Alejandro y le dije que mi papá me había dado dos opciones, una era la de irme con él para Estados Unidos o que él me llevara con él y que también sabía que ahí en el rancho no podíamos vivir juntos por todo lo que representaba todo eso, entonces, Alejandro tuvo la gran idea de ir a buscar a su mamá a otro estado, no sabía ni dónde vivía ni nada, pero consiguió la dirección con unos tíos y averiguó que estaba en el estado de Toluca y sí, él me dijo que nos íbamos a ir.

En este momento acabo de recordar que qué bueno que mi papá acepto hablar con Alejandro, ellos conversaron un rato y fue ahí donde mi padre le confesó que a él también lo había rechazado mi abuelito Andrés, el papá de mi mamá y que lo había tratado de apuñalar porque no lo aceptaba, no lo quería para mi mamá, entonces prácticamente le estaba diciendo que él no quería hacer eso con él, y solo le pidió que me tratara bien y que me llevara con él, que me diera su apellido y todo eso, mi papá quería que todo estuviera bien y por eso aceptó hablar con él; sin embargo, llegó el día de irnos y papá se acercó a mí y me dijo como todo un padre sabio que podía ver lo que en mi inocencia yo no podía hacer y me dijo: que te vaya bien y si no, aquí están las puertas abiertas de mi casa a la cual puedes regresar cuando quieras.

Me despedí de mí de él y de mi abuelita con un abrazo, así que mi Tía Rosa María y mis primitas me fueron a dejar a la carretera donde pasaba el microbús para irme con él, nos quedamos de ver en un lugar apartado para que nadie se diera cuenta, sobre todo mis hermanas y nos fuimos a buscar a su madre que vivía en el estado de Toluca.

Fueron muchas horas para llegar hasta allá y finalmente Llegamos al lugar, árido, triste y muy frío, aparte que era época de diciembre porque recuerdo que fuimos a una posada. Él prácticamente solo me fue a dejar ahí y se regresó, no recuerdo si me dejó dinero o le dejó dinero a su tía, la verdad no lo sé, lo único que sé es que ese lugar me deprimía y lloraba desconsoladamente por los rincones, creo que si pudiera juntar mis lágrimas llenaría un lago completo, ahí apenas comenzaba mi tormento. Después de un largo tiempo -la verdad no recuerdo cuánto- regresó por mí y me llevó con su madre al Estado de México llamado San Pedro Atzompa, solo llegan a mi mente imágenes de cuando llegamos a una casa demasiado pequeña y con personas totalmente extrañas.

Su madre me aceptó porque no tuvo otra opción, ya que se sentía culpable por haberlo abandonado en mi pueblo, así que pasó lo mismo, solo me dejó y se regresó al pueblo otra vez porque él se justificaba diciéndome que tocaba en un grupo musical y que él era el vocalista, esa era su forma de trabajar y de recibir ingresos.

Tardó más o menos como un mes en regresar y solo para decirme que posiblemente se iría para Estados Unidos, yo la verdad no entendía porque me había dejado ahí, pero me quedé muy triste y muy deprimida, ya que ahí vivía su hermana Juana y ella simplemente no me quería, fue una piedra en el zapato y nunca me aceptó, me trataba de lo peor y me hablaba como diciendo que yo era un estorbo y yo no entendía para qué me había llevado su hermano ahí. También allí cerca vivía otra hermana suya que se llamaba Enriqueta y un buen día hablé con ella y le dije como estaban pasando las cosas con Juana y que si me podía aceptar en su casa y ella de buena gente me aceptó, lo que no sabía es que su casa era aún más pequeña y prácticamente vivíamos en un solo cuarto donde solamente cabía la cama matrimonial, una cama pequeña, una mesita y un ropero pequeño donde guardaban su ropa, los zapatos los tenían debajo de la cama, en cajas de verduras.

Yo me dormía con Laura, su hija la más grande, en una litera pequeña nos dormíamos encontradas, yo ponía mis pies hacia su cara y viceversa, entonces en la noche ella me pateaba porque no quería que estuviera durmiendo ahí, eso y los gusanos que pasaban por mi cara y mis manos con ese olor a orín, que me picaba, no, con todo eso no podía dormir, recuerdo que pisaba en la suciedad y hasta lodo había en el piso, no teníamos ni siquiera una puerta, tenía solamente una cortina tapando la entrada, dormían con la luz prendida que no me dejaba dormir porque yo no estaba acostumbrada a dormir así, en fin, eran tantas cosas las que pasaba, pero ¿qué podía yo hacer?

Hola de nuevo queridos lectores, regreso después de un largo tiempo, ya que he tenido algunas dificultades para poder seguir narrando mi historia porque en mi casa no tengo muy buena señal de internet y opté por hacerlo en mi trabajo que, si tiene internet, así que se me está complicando un poco, pero creo que puedo continuar y puedo seguirles contando está aventura que tuve durante mis cuarenta y seis años de mi vida.

Bueno, me quedé en que les estaba comentando cómo es que vivía con Enriqueta, mi cuñada, y que fue frustrante vivir ahí por la manera en cómo ellos hacían las cosas y era una pobreza extrema en la que viví, aparte de que los niños hacían popó en el piso, la pisaban y era un hedor horrible, había gusanos, lodo en el piso y el no tener puertas y dormir con la luz prendida me era sumamente difícil vivir ahí.

Cuando se nos terminaba el gas, teníamos que cocinar afuera de la casa y con la basura de todo lo que encontraban, la cual estaba llena de moscas y con cartones, plásticos y todo lo que se pudiera quemar, lo usábamos para cocinar y por consecuencia la comida sabía muy amarga, fea, porque todo lo que despedía el plástico no era nada agradable, pero gracias a Dios teníamos que comer, y bueno, en ese momento no prestaba mucha atención a esas cosas, pero dentro de todo eso, había demasiada gratitud de mi parte, porque tenía un techo donde dormir y un poco de comida, aunque fueran frijoles o arroz, Enriqueta, era una excelente persona, muy amable y muy buena persona.

En esos días regresó Alejandro a la casa de su mamá y yo iba súper emocionada porque lo quería volver a ver, pero para mí sorpresa, él estaba súper enojado porque yo había tomado la decisión de irme con su otra hermana sin decirle, ya que él me había abandonado ahí, pues él quería que yo le pidiera permiso para todo y yo tomé la decisión sola porque no aguantaba a su hermana Juana y me fui, así que estaba sumamente enojado y recuerdo que, se había hecho al indignado, y yo, como otras tantas veces, me arrodillé y le supliqué que me perdonará, que no sabía qué hacer y que no estaba a gusto ahí y que yo no tenía dinero y que tenía que trabajar para poder salir adelante, porque francamente no sabía cómo hacerle porque apenas era una adolescente de diecisiete años.

Lo entendió y entonces al poco tiempo comencé a trabajar en una fábrica de tamarindos, recuerdo que tenía que hacer 120 bolsas con 50 Tamarindos cada una, era muy pesado y me pagaban muy poco, pero era lo único que podía hacer en ese momento con esa situación que tenía.

la verdad no recuerdo si solamente me dejó ahí llorando, no recuerdo bien, lo único que sé, es que se fue y me dijo que sí iba a ir a los Estados Unidos y no recuerdo si me dijo que regresaría o que lo esperara, la verdad, no lo sé, solo sé que pasó el tiempo y que cuando empecé a ganar dinero pude cambiarme a vivir a un cuarto, gracias a una de las muchachas donde yo trabajaba que me hizo saber que por ahí por donde ella vivía, estaban rentando cuartos en una vecindad, así que tome la decisión de ir a rentar ese cuarto y para entonces él, ya se había ido para Estados Unidos.

Era tanta mi frustración y mi tristeza y sobre todo el apego tan grande que tenía por él, que no me importaba gastarme casi todo mi sueldo para poder comprar una tarjeta para hablarle por teléfono a Estados Unidos, porque yo quería saber si él estaba bien.

Recuerdo que me pagaban cómo ciento ochenta pesos y una tarjeta me costaba cincuenta pesos para hablar solo por cinco minutos, entonces cada semana usaba cincuenta pesos de mi sueldo para poder hablar a Estados Unidos, también recuerdo que hablé con una tía y le pregunté que si lo había visto, que si sabía algo de él y ella me dijo que sí, que un día lo había visto en el parque y que se veía bien; cuando ella me dijo eso, prácticamente yo me sentí feliz y tranquila y ya no seguí preguntando, pensé que si había llegado allá, estaría bien y ya no me preocupé, ya habían pasado dos meses y nunca se comunicó conmigo.

Cuando me fui a vivir a esa vecindad había un muchacho que se llamaba Alfonso que me estuvo cortejando, pero yo en mi creencia de pensar que le pertenecía a Alejandro (porque ya había sido suya) no quise hacer una relación con él, aunque ese muchacho se veía que me quería bien, pero yo -la verdad- estaba cegada por Alejandro. Nunca recibí una carta o una llamada de él, o que él quisiera saber de mí, nunca le importé y en mi mente me preguntaba qué era lo que él pensaba.

Un día me dio por regresar a mi pueblo porque quería ver a mis hermanas, para eso ya había pasado como un año o más, la verdad no recuerdo, solo sé que ya tenía dieciocho años y me estaba empezando a desarrollar yo sola y a ser más independiente con mi propio dinero, estaba cambiando mi forma de pensar y ya no era la misma, en el camino me encontré muchas a personas que me contaron sus historias y que eran iguales o peores que la mía, porque para ese entonces yo creía que era la más mala del mundo, porque así me lo había hecho saber mi familia, así que pues comencé a vivir una vida de mucho alcohol, diversión, bailes y de no importarme nada, el agregar alcohol a mi vida fue algo devastador.

Al poco tiempo me di cuenta que había regresado Alejandro de Estados Unidos y yo me regresé a mi pueblo a buscarlo para hablar con él, él me había ido a buscar a San Pedro, donde me había dejado con sus hermanas, pero para ese entonces yo ya estaba con mi hermana Lucía. Cuando lo busqué allá en el pueblo, en Cerro Colorado, él estaba indignado y enojado porque me había regresado con mi hermana después de todo lo que me habían hecho y él estaba empeñado en que me alejara de mi familia por el maltrato que me habían dado, pero para ese entonces ya no era la niña estúpida que había dejado, ya me sentía capaz de salir adelante yo sola y me di cuenta que mi familia siempre iba a ser mi familia y que al final de cuentas, él me había dejado sola y se había ido y no le había importado.

Recuerdo que me dio a escoger entre mi familia y él y recuerdo que solamente me di la vuelta y me alejé. Él me gritaba y me pedía que regresara, que no lo dejara o que se iba a suicidar, siempre me hacía lo mismo y me chantajea y ahí estaba yo, siempre al pendiente de él, creyendo que de verdad lo iba a hacer, pero realmente era un narcisista y yo no lo sabía.

Cuando regresé yo no sabía, pero para ese entonces, mi papá ya estaba tratando de llevarse a mis hermanos a Estados Unidos, entonces mi hermana Ofelia, la más pequeña, estaba estudiando y no se quiso ir y yo tomé su lugar, así que me fui con mi hermana Patricia y mi hermano Ramiro para Estados Unidos.

Eso de las pasadas a Estados Unidos es otra historia que en algún momento se las he de contar, porque también tendría que hacer un libro completo de todo lo que tuvimos que pasar, el caso fue que llegamos a Estados con muchas dificultades y todo, pues mi papá (no sé qué plan tenía), pero solo nos dio $100 y nos dijo como que nos deseaba mucha suerte y nos fuimos a vivir con una tía, mi tía Magdalena.

Mi llegada a Estados Unidos

Llegar a un país como Estados Unidos, totalmente diferente en cuanto a la comida, las costumbres, el idioma y todo completamente diferente, recuerdo que los primeros días que me despertaba, no podía creer que estuviera en ese lugar tan hermoso y nuevo a la vez, me daba miedo salir a la calle.

Cuando llegamos a vivir con mi tía Magdalena comenzó una tortura igual o peor a la de estar allá con Enriqueta, con mi tía era todo lo contrario, mi tía era extremadamente limpia y desde que llegamos nos dijo todo lo que se tenía que hacer en su casa, que cada cosa tenía que estar en su lugar, que cuando nos bañáramos teníamos que limpiar el baño, secarlo y dejarlo tal cual lo habíamos usado, todo Tenía que estar impecable. La comida era igual y no recuerdo si cocinaba ella o nosotros, pero eso sí, nos cobraban por todo. Comenzamos a trabajar las primeras semanas con las personas que nos fuimos y no nos querían pagar hasta que comenzamos a buscar en restaurantes, en hoteles y en otros lugares donde teníamos que llenar aplicaciones y todo eso fue bastante duro y muy frustrante.

La "traila" de mi tía Elena era pequeña y no cabíamos muchas personas, así que por alguna razón le dije a mi tía Rosa María -que vivía al lado de ellos- que me dejara quedar ahí en su sala a dormir, en el suelo, ya que estaba un poquito más grande y más amplia y aunque también había muchísima gente viviendo ahí, todo iba saliendo bien y ya teníamos dos trabajos, y bueno, como a mucha gente aquí en Estados Unidos el tener carro y manejar no es un lujo sino una prioridad o una necesidad, porque para todo tienes que manejar, tanto para ir a los trabajos como para ir a comer, porque en ese lugar donde vivíamos no había transporte público, no llegaba hasta allá, y por consecuencia teníamos que manejar, entonces siempre teníamos que estar pidiéndole a alguien que nos llevará y allá estaban un poco retiradas las tiendas y los trabajos también, entonces, a mi tía Rosa María se le ocurrió la gran idea de que tuviéramos un carro allí, la verdad, no sé qué marca, pero era un carro pequeño, entonces me dijo que no nos enseñáramos solas a manejar y que practicáramos ahí en el estacionamiento de las trailas y así fue, comenzamos a dar vueltas en la calle, una vuelta ella y una vuelta yo y cada vez que llegábamos al frente de su traila nos cambiábamos.

Ahí también vivía su primo Nacho, Ignacio, y él era una persona que tomaba demasiado y para ese entonces tenía días tomando y estaba muy borracho; ese día, para mi buena suerte, en una de las vueltas cuando yo me estaba cambiando de lugar para manejar, su primo Nacho se subió en el cofre y estaba jugando, queriendo hacerse al gracioso y entonces yo, ya subida en el volante y acomodándome el cinturón de seguridad, el pie que tenía en el freno y se me quitó y él estaba enfrente subiéndose al cofre, en ese momento las niñas de mi tía Rosa María, Carolina y Elizabeth, que también iban con nosotros, Susi y Abraham empezaron a gritarle a su tío Nacho, y entonces cuando yo alcé la vista, pude ver que se estaba resbalando en el cofre al momento de que yo no tenía el pie sobre el pedal del freno y cuando quise pisarlo nuevamente, pisé el pedal del acelerador y entonces el carro le pasó por encima Nacho y yo me fui a estampar a una tela de alambre que estaba del otro lado de la carretera y ahí se paró el carro.

Creo que todavía tenía el pie en el acelerador y fue el hermano de mi tía Rosa María, Simón el que me lo quitó del pedal, me salí del carro y todos comenzaron a gritar y todos salieron, llamaron a la policía y despues de un ratito, llegó la policía y los bomberos, hasta un helicóptero llegó cuando supieron la gravedad del accidente; a él se lo llevaron en helicóptero inmediatamente y lo frustrante, duro y triste de todo esto fue que no le podían administrar ningún medicamento ni le podían hacer mucho porque primero tenían que desintoxicarle toda la sangre, ya que tenía días tomando y era demasiado el alcohol que tenía en su sangre.

Todos comenzaron a hablar y a decirme que posiblemente me iban a deportar y querían hacer un plan, querían que yo dijera que había sido un accidente diferente, y la verdad entre todo lo que pasó y estar llorando y el miedo que tenía de no saber qué iba a pasar, con todo eso les dije que no, que yo les iba a decir la verdad de lo que pasó y cómo había pasado, sin saber las leyes de Estados Unidos ni nada, aun así yo quise decir la verdad y eso fue un punto a mi favor, pues cuando llegó el oficial y me interrogó, exactamente le dije lo que había pasado, el oficial me vio muy conmocionada y llorando y en forma profesional me dijo que no me preocupara, que había sido un accidente y que siguiera tratando de aprender a manejar, pero que lo hiciera con personas profesionales en el lugar adecuado, que no me asustara y que eso no iba a detener mi vida. En ese entonces, esas palabras no las tomé en cuenta, pero después me di cuenta de lo mucho que me habían ayudado o lo que me iban a ayudar en un futuro.

Mi familia -como era de esperarse- otra vez culpándome y diciéndome que era una estúpida, que cómo se me ocurría a mí y a mi tía y nos acabaron completamente, nos dijeron de todo. Yo estaba tan asustada y tan frustrada y realmente no sabía lo que iba a pasar o si se iba a morir en el hospital en dos o tres días; en esos días, me la pasé llorando y recuerdo que mis ojos estaban tan hinchados que ya no podía ver, y nadie, solo Simón (el hermano de mi tía Rosa María) fue el único que se acercó a mí y me dijo ya no llores pipi (ese era mi apodo) él va a estar bien, no te preocupes, échale ganas.

Fueron días tan frustrantes, él estaba en terapia intensiva luchando por su vida y yo rogándole a Dios que no falleciera, fueron días muy difíciles para mí. ya, que tenía que esperar a ver su recuperación, y bueno, como me sentía culpable, rápidamente pedí la información de su familia en México para poder hacerme cargo de ellos durante el tiempo en el cual él se pudo recuperar.

No recuerdo exactamente cuánto tiempo estuve mandando dinero a su familia, lo único que sé es que solo trabajaba para eso, hasta que un día, mi ex cuñado (el esposo de mi hermana Graciela) *"el kwami"*, me dijo que dejara de mandar dinero porque su familia en México no lo estaba aprovechando bien, ya que lo estaban ocupando para emborracharse su hija mayor y la mamá, lo único que yo quería e hice, fue tomar la responsabilidad ya que había sido mi culpa que él estuviera en el hospital y fue muy dura su recuperación ya que se le fracturaron varias costillas y no recuerdo que más, pero gracias a Dios se recuperó y en poco tiempo se regresó a México. La verdad no recuerdo bien pues me moví a otro lugar a vivir con mi hermana Ofelia, Graciela y su esposo.

Cuando él se fue para nuestro pueblo en Cerro Colorado no duró mucho tiempo, porque empezó a trabajar arreglando las carreteras allí en el rancho y lo atropellaron y ahí sí falleció, así que su destino ya había sido marcado por un accidente donde no fui yo, gracias a Dios, pero fue otra persona quien le quitó la vida de la misma manera.

También recuerdo que fueron muchas veces que me llamaron por teléfono para volver a decirles como habían pasado las cosas, creo que fueron tres o cuatro veces más, porque tenía que decir la misma historia cada que me hablaban para ver si no había inconsistencias en lo que yo decía y para estar seguros de que estaba diciendo la verdad y creo que todo concluyó bien porque no hubo algún cargo en mi contra y eso me ayudó un poco para poder seguir adelante.

Pasaron unos meses después del accidente y de que deje de mandar dinero para su familia y me parece que solo junte un poco de dinero para poder ir a mi país, a mi pueblo y regresé.

Tenía como un mes y medio cuando recibí la llamada de mi hermana Patricia diciéndome que mi padre estaba en el hospital, que le había dado una derrame cerebral o insolación porque estuvo mucho tiempo tirado y desmayado afuera a más de 100 grados, entonces no era una opción para mí sino que tenía que irme para ayudarles -si es que era necesario- a pagar el hospital y todos los servicios que se le iban a hacer, así que me fui con mi hermana Lucía nuevamente de mojadas y en esta ocasión no estuvo muy difícil la pasada, fue rápido y gracias a Dios llegamos pronto.

Llegando fuimos a ver a mi papá que estaba en cama y le habían dado más infartos pues su salud ya estaba muy deteriorada, estaba con una sonda en la garganta y ya no se podía mover ni hablar, otro golpe más y todavía no me recuperaba del anterior y ya estaba viendo a mi padre prácticamente al borde de su muerte. Fue muy triste ir a verlo y jamás nunca nos pudo hablar ni decir lo que nos quería decir, solamente con sus ojos nos decía sí y no, pero ninguno de nosotros pudo saber lo que realmente quería decir, se desesperaba mucho porque no podía expresarse.

Voy a tratar de recordar los tiempos, pero en realidad todo eso no lo recuerdo, es como si en mi mente hubiera laguna mental o algo que quisiera yo olvidar porque no recuerdo ni siquiera el tiempo que mi papá estuvo en el hospital, creo que solamente lo íbamos a ver una vez a la semana o tal vez dos, porque solo teníamos un carro y con ese carro teníamos que ir a trabajar y también teníamos que ir a verlo y eso nos gustaba, pero viajábamos como una hora o más tiempo para ir al hospital porque no estaba cerca de donde nosotros vivíamos.

EL BUEN KERRY Y EL FALLECIMIENTO DE MI PAPÁ

Llegando aquí volvía a trabajar en un restaurante que se llamaba Jack in the box, ahí conocí a un personaje que fue muy clave en mi vida llamado Kerry kusumoto, y quiero hablar de él porque él fue clave en mi vida durante un tiempo, pues en ese entonces creo que llegó como un regalo de Dios que me había mandado pero desafortunadamente y con las heridas emocionales que yo traía no lo pude ver y no lo pude valorar en ese momento, pero él estuvo durante el tiempo que mi padre estuvo en el hospital, él me llevaba verlo y recuerdo que mi padre se desesperaba cuando me veía con él porque me imagino que me quería decir que me quedara con él, que él era bueno, no sé, nunca supe lo que realmente mi padre quería decirme pero lo que sí miraba es que se desesperaba y le preguntaba yo cosas y no quería decirme o nunca le atiné a saber qué es lo que realmente mi padre quería decirme.

Kerry, definitivamente quería sanar de alguna manera todas mis heridas con su amor recuerdo que tuvo la atención de llenarme mi cuarto de rosas todos los días me llevaba una y el 14 de febrero que lo pasé con él, me llevo un ramo grandísimo como de 50 rosas rojas, hermoso, pero cuando estás roto por dentro, nada de eso importa, simplemente no puede salir de ese agujero en el tú mismo y la sociedad se encargaron de ponerte. Kerry trataba de una y otra manera de mostrarme su amor para que yo pudiera olvidar todo lo pasado y poder ser feliz con él.

Él me decía que yo era una buena persona pero que simplemente habían sido malos conmigo, él no estaba viendo mi idioma y podía ver cosas que nadie más pudo ver y yo simplemente estaba cegada, yo no podía ver más de lo que tenía enfrente, él simplemente era el hombre que toda mujer sueña, realmente lo tuve delante de mí y nunca lo supe o no lo supe valorar.

Pasaron los meses y mi padre cada vez estaba más grave, creo que más de un año o algo así pues nosotros íbamos lo que más podíamos, pero francamente no era suficiente porque las enfermeras en ese lugar no lo atendían, él estaba completamente "llagado" de sus partes íntimas y dormido y tieso de todas sus coyunturas y parecía un esqueleto porque estaba muy flaquito.

Un día decidimos, después de Tanto estrés ir a divertirnos un poco al centro de diversiones Six Flags, tal vez queríamos olvidarnos un poco de toda la tristeza y la frustración y estrés que traíamos cargando y todos nos pusimos de acuerdo y dijimos que íbamos a ir a ver a mi papá y de ahí nos iríamos para allá yo me fui con mi novio que era en ese entonces Kerry. Él tenía un muy buen carro y entonces nos fuimos por el Freeway y llegamos más rápido que todos, para mi sorpresa llegué y la cama de mi papá estaba sola, entonces comencé a preguntarles a las enfermeras que dónde estaba, ya nos había pasado anteriormente una vez que fuimos que no lo había encontrado y nos dijeron que se había puesto grave y lo habían llevado de emergencia a otro hospital, por qué, pregunté y dónde está, porque ahí prácticamente era un asilo.

Ese día yo pensé que también había sido lo mismo, que se lo habían llevado al hospital, pero no, ya el momento en que yo no lo vi en su cama y que la cama estaba arreglada y todo sentí algo en mi corazón que me decía que él ya no estaba, y sí, efectivamente cuando empecé a preguntarles a las enfermeras me decía en inglés que ya había fallecido, pero como yo no sabía en ese entonces mucho inglés, solo me les quedaba viendo y no les entendía, entonces mi novio Kerry les pregunto y le dijeron todo a él y solo se me quedó viendo con una cara de tristeza porque no sabía cómo decírmelo, porque nuestra comunicación también era muy chistosa porque él no sabía mucho español, pero trataba de decirme la verdad y recuerdo que me dijo: Tu papá no más el vámonos, entonces supe que mi papá había fallecido por la forma como me lo dijo, me hizo saber que ya había fallecido y como muchas otras cosas, yo fui la primera en enterarme. Nos comentaron que habían estado llamando al teléfono que tenían registrado, pero no se pudieron comunicar con nadie, entonces para cuando nosotros llegamos ese día mi papá ya tenía dos días de haber fallecido, y bueno, fue entonces que avisamos a mis tíos y a toda la familia, ellos la verdad nos ayudaron muchísimo para poder arreglar todo lo del traslado para México porque nos lo llevamos para allá, para sepultarlo en México, gracias a Dios que teníamos familiares, que pues tenían. Documentos legales y todo eso Entonces pudieron hacerlo fácil pagaron con sus tarjetas porque nosotros no teníamos nada de eso en ese entonces.

Fue muy duro tomar la decisión de irnos y al final nos fuimos mi hermana Ofelia, mi hermano y yo, recuerdo que no nos estuvimos mucho tiempo allá en México, creo que ni siquiera los días de la novena y nos regresamos para poder volver a pasar a Estados Unidos, que, por cierto, esa vez fue muy difícil y muy duro porque nos estuvimos que quedar en la frontera bastante tiempo y no podíamos pasar. En esa ocasión nos tuvimos que regresar un tiempo más para el rancho y ya después volvimos a intentarlo para poder regresar.

Les comento que en otra ocasión les voy a contar todo lo que se vive en la frontera y las pasadas como ilegales porque esa es otra historia que sería bueno que supieran, pero tendría que contarles a detalles todo eso que se vive ahí.

Alcohol, depresión y tristeza

Después del fallecimiento de papa, la verdad que me hundí más en el alcohol, la depresión y la tristeza, cometí uno y más de 1000 errores. La verdad no recuerdo si en ese entonces me quedé un año allá en México y después regresé, y ya para cuando regrese fue cuando ya comencé a vivir con Kerry más de un año y medio, pero como Les comento, yo no era feliz conmigo misma y no podía ver la felicidad a su lado a pesar de que él se desvivía por darme todo lo que él podía y hacerme saber que realmente me amaba, que estaba dispuesto a hacer una vida conmigo y a mí simplemente no me interesaba, vivía en mi mundo de lo que era el alcohol y recuerdo que me iba con mi prima Cristina a los bailes y llegaba súper tomada, a veces hasta las 5 de la mañana cuando él se iba a ir a trabajar, yo apenas iba llegando y me dejaba ir sola, no me decía nada, él era feliz quedándose en la casa, se quedaba con sus amigos jugando PlayStation y tomando doctor pepper y fumando hasta morir. Recuerdo que cuando llegaba y abría la puerta solo se miraba humo y la casa olía horrible a puro cigarro, yo también fumaba, pero yo no fumaba dentro hasta que le tuve que decir que si quería fumar lo hiciera afuera porque la casa estaba oliendo muy mal.

Así comenzaron los problemas de pareja, yo no me sentía a gusto con él, no sé por qué razón, bueno sí sé y es que yo no me amaba y no me apreciaba y pues obviamente no podía dar lo que yo no tenía.

Recuerdo que una vez me invitó un compañero del trabajo al baile o a comer, no recuerdo, pero me llevo a un restaurante, y él obviamente pensaba que yo ya con esa salida iba a hacer era algo más, pero no, afortunadamente no me gustaba y no pasó nada, pero el punto es que yo decía que no le fui infiel, pero en el momento en que me fui a comer con esa persona totalmente extraña si era una infidelidad. Realmente no me respetaba ni a mí misma dañándome con tanto alcohol, cigarro, fiestas y desvelos, tenía dos trabajos y no le dedicaba tiempo a mi esposo porque ya era mi esposo Kerry, y el andaba súper molesto porque yo trabajaba de noche y él me consiguió otro en la tarde, entonces prácticamente no nos veíamos, él se iba temprano y yo llegaba más tarde, y cuando él llegaba yo ya me había ido y entonces prácticamente duramos mucho tiempo que no nos mirábamos porque no quería estar con él realmente.

Recuerdo que una vez fui a su trabajo al Jack in the Box, él era el manager de ahí y me decían todos los trabajadores, oiga ya salgase de trabajar de un trabajo nos dice el chino que anda muy molesto porque no está en la casa, por qué no lo atiende y aquí ya no la aguantamos porque siempre anda de muy mal humor.

A mí la verdad no me interesaba, la verdad no quería estar con él. Recuerdo que una vez También mi prima me dijo que había hablado con ella y le había dicho que por favor me dijera que él me amaba realmente, que por qué era así, que por qué no me daba cuenta del amor que él me daba y yo no lo entendía realmente, no lo entendía porque era persona que ya para ese entonces ya se había vuelto fría y ya no me interesaba nada y vivía solamente por vivir, no me interesaba si me querían, si no me querían y era como que si estuviera muerta en vida.

Cómo Les comenté, dure con él como un año y medio de relación y ahí también vivía mi prima Cristina y mi hermana Ofelia con nosotros y nos dividíamos los gastos, y bueno pues resulta que a mi hermano se le ocurrió la gran idea de irse para México porque se quería ir a casar, entonces durante el tiempo que yo había estado allá en México mi hermano me había enviado su dinero a mi nombre y yo había abierto una cuenta de banco, pero estaba mi nombre, entonces no se lo podían dar a él porque tenía que estar yo presente porque era bastante dinero y no sé si él quería que me fuera o simplemente no se podía hacer de otra manera.

La verdad no supe bien que pasó y la idea fue que me tuve que ir a México sin ninguna preocupación y solo me llevé lo que más pude, francamente yo me fui como para no volver, iba huyendo de todo del amor que me daba ese muchacho tan maravilloso que, desafortunadamente lo pude ver muchos años después, y solo me fui sin pregúntale a él, sí estaba de acuerdo y nada, simplemente le dije que yo me iba a ir, que me tenía que ir y me fui con mi hermano. Ya estando allá, pues las fiestas y el alcohol fue lo que hice, todo era diferente, yo no llevaba tanto dinero, pero todo estaba bien para mí.

Al poco tiempo, mi hermano se sentía culpable por haberme llevado para allá, a México y me dijo que le preguntara a Kerry que, si podía ir a México por mí para casarnos y para que también pudiera yo entrar al país legalmente con una vista, y claro que Kerry inmediatamente tomo acción porque él lo que más quería era casarse conmigo. El creyó que casándose conmigo yo iba a sentar cabeza y a su manera me iba a demostrar cuánto me amaba, tristemente lo que él no sabía era que durante el tiempo que yo ya había estado allá, en México, ya había conocido a un muchacho, que se parecía a otro ex novio que había yo tenido, así que había comenzado una relación con él, aun sabiendo que él tenía pareja; y cuando Kerry llegó a casarse conmigo y llevarme para Estados Unidos, yo ya no quería, ya no me interesaba él, y también Kerry cometió el error de no informarse bien cómo tenía que ser el proceso para casarnos y solamente se fue así, pensando que el casarnos allá todo iba a ser bien fácil y que yo me iba a poder regresar pronto para allá, pero no fue así.

En el consulado mexicano le hicieron saber que él tenía que haber pasado a migración en la frontera a realizar un trámite y conseguir una carta o un papel especificando que él venía a casarse, a México, para que pudiera yo ingresar legalmente a Estados Unidos, pero todo estaba incompleto, entonces él se tuvo que regresar solo para poder hacer otros trámites y poder tener esa cita en migración, allá en el consulado mexicano.

Él había servido en el ejército y era una persona honorable en Estados Unidos así que buscó la manera de mandar cartas de perdón a Washington y todo lo que tenía que hacer porque él realmente me amaba, él quería que estuviera yo con él. Entonces llegó el día que nos dieron la cita para el consulado mexicano en ciudad Juárez y fuimos a la cita y obviamente yo no tenía ningún interés ya de irme a Estados Unidos, porque yo ya estaba siéndole infiel, y ciertamente, las personas de consulado son personas profesionales que te analizan psicológicamente y yo, como siempre, nunca he estado presente en mi vida, pues yo no me estaba concentrada en las preguntas que me hicieron y una de ellas fue que si yo había estado deportada, y francamente yo ni sabía que yo había estado deportada por todas las veces que había entrado al país ilegalmente y sí, efectivamente una de esas veces entrado al país ilegalmente me habían deportado por 5 años y lógicamente ellos se dieron cuenta y todo se vino abajo, valió queso. Sí, todo se fue para abajo y pues no me dieron la visa, Kerry lógicamente se quedó muy triste y yo muy feliz porque me iba a regresar con mi amante.

Lo que no sabía es que eso lo iba yo a pagar con creces por haberme burlado de esa persona, esa que Dios me había mandado para restaurarme y cuidarme y con la que solo jugué con sus sentimientos, como lo habían hecho anteriormente con los míos.

Me vengué con la persona menos indicada, así que regresé a mi pueblo y al poco tiempo me deprimí porque no me dieron la visa y me deportaron, entonces yo creí que jamás iba a regresar a Estados Unidos por mi mala cabeza, pensé que no podía, que ya le había hecho demasiado daño a Kerry para seguirlo teniendo atado a mí y ya estábamos casados y todo, pero yo le dije que yo no iba a poder ingresar al país porque estaba deportada y no quería que me esperara a su vida. Le dije que yo no quería que él se fuera a vivir a México conmigo y realmente tampoco lo dejé decidir, porque si por él hubiera sido, créanme que se hubiera ido a vivir a México por mí, porque realmente me amaba, y así pasaron algunos años más de mi vida, pero de vuela en México.

Sé que tú, querido lector te has de estar jalando los pelos pensando en ¿porque está Tonta no pudo ver al gran hombre y la gran oportunidad de vida que tenía enfrente?

Bueno, en mi defensa diré ahora después de tantos años que sé con seguridad que en ese momento traía demasiadas cargas emocionales y que simplemente era una persona rota, una persona que en ese momento de ninguna manera podía tener claridad de lo que quería en la vida.

...Y salió el Sol y llegó la noche oscura a mi vida

Para mis veinte años, ya habían pasado la muerte de mi madre y de mi padre, había tomado una muy mala decisión al querer estar con una persona incorrecta, cómo creen que iba a tener amor propio.

Cuando sentí el rechazo de Las personas de mi familia que se suponía debían protegerme y apoyarme, en lugar de juzgarme como adulta.

Sé que soy responsable por no saber elegir bien a esa persona, pero a esa edad ¿quién lo sabe hacer?

Todos hemos cometido errores en la vida, yo me quedé en México con la idea de no regresar a Estados Unidos y fue ahí cuando mi vida comenzó a tener nuevamente un poco de sentido, mi hermana Ofelia ya había tenido a su hija Ashley y en ese entonces se fue de vacaciones al pueblo, que, porque decía que en el año 2000 se iba a acabar el mundo y quería estar en México para poder recibir el año allá, imagínense.

Bueno pues ese angelito que llegó a mi vida fue una clave para darle un giro de 180° grados a mi vida, yo siempre tenía el anhelo de tener un bebé pero por alguna razón nunca quede embarazada que, por cierto, ahora sé que por el grado de estrés que estuvo mi cuerpo por tantos años, tal vez provocó que se bloqueara mi cerebro y mi cuerpo y por muchas otras cosas más que más adelante les contaré.

El caso fue que llegó mi sobrina y yo estaba encantada con ella, era una niña adorable y muy amorosa, justo lo que necesitaba para retomar mi vida, mi hermana se quedó por algunos meses, no recuerdo muy bien, y bueno, al momento en que se iba a regresar a Estados Unidos -no sé por qué razón lo pensó- y me dijo que si me podía quedar a cargo de la niña unos meses, en lo que ella se estabilizada nuevamente y que regresaría por la niña antes de que comenzará la escuela y yo fascinada de que me la dejara, porque simplemente yo la quería conmigo. Me enamoré de ella y quería de alguna manera sentirme útil, saber que alguien me necesitaba y que podía cuidar de ella y para mí fue algo muy hermoso tenerla conmigo.

Mi hermana se regresó Estados Unidos y la niña se quedó conmigo y realmente eso cambio totalmente mi vida, porque la niña se levantaba conmigo, se dormía conmigo, le lavaba la ropa, le hacía de comer y me la tenía que llevar a un puesto de ropa que tenía yo en el pueblo de Coroneo y ahí estaba la niña todo el tiempo conmigo en la mañana y en la noche, no nos separábamos y realmente nos comenzamos a querer demasiado; entonces, al principio cuando mi hermana le llamaba por teléfono, ella recordaba su voz, pero con el tiempo se le fue olvidando, tal vez era muy feliz allí, ya no le decía mamá y ya no quería hablar con ella y mi hermana se preocupó, entonces tuvo la idea de que se la regresará nuevamente y buscó a alguien para que fuera por ella a la frontera.

Les puedo decir que eso fue un golpe muy duro para mí, porque apenas comenzaba yo a darle sentido a mi vida, alguien que me necesitaba y que realmente me quería porque sentía el amor de esa niña hacia mí y me la quitaban otra vez, claro que estaba triste y le pregunté a mi hermana que porque se la llevaba si me había dicho que me la dejaría hasta junio y simplemente ella me contestó porque es mi hija, y pues sí, era su hija y no podía yo hacer nada, así que ella arreglo todo para que se la regresara, me parece que estuvo conmigo solamente dos o tres meses y después se la llevó. En ese transcurso de tiempo otra vez me quedé en el limbo y retomé mi vida de parranda, bailes, borracheras y tuve otras relaciones que no eran nada serias, realmente no me interesaban, solo eran para pasar el tiempo y nada más, pero sin tomarlas en cuenta, aunque igual sé que me dañaban emocionalmente, yo estaba empeñada en destruirme con el alcohol, realmente yo deseaba morirme, no le encontraba sentido a nada, había conocido un muchacho anteriormente llamado Adán, del cual creí que me había enamorado o al menos sentía muy bonito estando con él, pero igual también se fue para Estados Unidos y me dejó.

Realmente estuve completamente perdida y sin rumbo por un tiempo más. Recuerdo que en esos días sufrí una decepción amorosa por un exnovio de mi prima porque igual tomé la decisión de andar con él y salí lastimada -obviamente-, entonces me tiré al alcohol durante una semana, yo recuerdo que todos los días me la pasé tomando durante esa semana y solo me levantaba, iba por mi cerveza y regresaba a descansar, me iba a la cancha a jugar un rato y en la tarde regresar a seguir tomando y así, iban pasaron los días.

El primer llamado de Dios

Recuerdo que un tío llamado José que iba de paso para irse a Estados Unidos pasó a saludar a mi abuelita y recuerdo que, en esos días, yo iba a irme sola con unos amigos a una fiesta con baile donde ellos tocarían, eran los tokines, como les decíamos a esas fiestas y ellos tocaban en un grupo musical que se llamaba "Valiente".

Recuerdo que mi tío José se fue caminando conmigo hacia la parada del autobús que iba a pasaba por en la carretera principal y me comenzó a platicar sobre Dios, sobre que Dios tenía un plan muy grande para mí si dejaba esa vida que llevaba. La verdad yo lo escuché atentamente y no le contesté nada, no le dije que no me hablara de él, no le dije nada, simplemente lo escuché me dijo varias cosas más, pero eso es lo que yo recuerdo más, que me dijo que Dios tenía grandes cosas para mí, que dejara la vida que llevaba, me imagino que mi abuelita le había contado que yo ya tenía días tomando y eso era muy triste porque así pasaba toda mi vida, toda la gente me envidiaba y decía que quería mi vida porque no le daba cuentas a nadie y podía salir a los bailes y regresar a la hora que yo quisiera y todo eso, pero ellos no sabían que al llegar a mi cuarto, a mi casa está totalmente sola y me la pasaba llorando y golpeando mis almohadas, porque sentía realmente una soledad que me carcomía los huesos.

Después de que mi tío José me dejó ahí, recuerdo que yo iba bien cruda porque había estado tomando toda la noche anterior y me urgencia era "curármela", como dicen, entonces me fui a la tienda que estaba ahí cerca y me compré una cerveza y la destape, pero para mí sorpresa no me la pude tomar, me supo horrible cuando le di el primer trago. Mi tío ya había depositado esa espinita en mi alma de algo que se llamaba "Dios", del cual, yo estaba totalmente alejada y no sabía cómo retomar a mirarlo nuevamente.

Eran tantos mis complejos y tantas creencias de que yo no valía nada, porque realmente todas esas palabras que me habían gritado durante anos, de alguna manera me habían hecho sentir que en verdad valía nada, me las había creído y así vivía como una persona sin valor, sin amor y sin nada.

A partir de ese momento de que mi tío me dijo esas palabras y me dijo que Dios tenía cosas grandes para mí ya no fui la misma, pero no sabía a dónde acudir ni que hacer, simplemente tenía yo la necesidad de recibir ayuda, más no sabía dónde dirigirme para encontrarla.

Pasaron los días y cada vez más me sentía más ansiosa y deprimida, mi único escape era el alcohol y solo al momento de consumirlo, porque al día siguiente me sentía vacía y más miserable que el día anterior.

Por esas fechas, mi hermano se había comprado una motocicleta y mi primo Alejandro me estaba enseñando a manejarla, para ese entonces, mi hermano ya había regresado a Estados Unidos y me había dejado las llaves de la moto y su camioneta, imagínense eso, yo, una alcohólica con moto y camioneta. Un día que andaba "cruda" porque me había ido con una vecina llamada Marcelina a tomar pulque. El pulque es una bebida fermentada que se hace de la planta del Maguey que consumían mucho en mi rancho, mi pueblo. Recuerdo que me fui a curar la cruda con ella a su casa y lógicamente me volví a emborrachar, en eso llegó "Lejas" (mi primo Alejandro, era su apodo en ese entonces) y me insistió en que fuéramos a dar una vuelta para enseñarme. El hijo de mi vecina Marcelina, Miguel Ángel era prácticamente un niño en ese entonces se quiso ir conmigo en la moto.

Mi primo *"Lejas"* iba en su carro atrás de mí, y nos fuimos lejos por una carretera solitaria que está al lado del Cerro Prieto. El paisaje era hermoso y estaba todo verde y lleno de flores blancas llamadas "estrellitas", que tienen un aroma delicioso y recuerdo que íbamos viendo el paisaje y Miguel Ángel me sugirió que mirara las estrellitas y en eso que volteo y me acerco demasiado a la orilla de la carretera que tenía mucha graba y como era de esperarse, me barrí y me descontrolé porque la moto era demasiado grande para mí, de hecho con trabajos alcanzaba poner los pies de puntitas para subirme y me aferré a la moto en vez de soltarla y también las consecuencias de no traer casco fueron graves en mi rostro. Recuerdo que traía un coágulo en la barbilla colgando y lleno de sangre porque me había cortado con el frente de la motocicleta.

Afortunadamente, a Miguel Ángel no le pasó gran cosa, solamente un raspón en uno de sus pies al momento de barrernos, pero a mí sí que me fue mal, yo me quedé atrapada de un pie con la moto que era muy pesada y Miguel Ángel no podía con ella y como pude le ayudé. Cuando me levanté y me dio el aire, me ardió toda la cara y comencé a marearme, Miguel Ángel me hablaba y el siendo tan joven si supo que hacer.

Me suplicaba que no me durmiera porque yo le decía que yo tenía mucho sueño y me quería sentar y recostar en la moto y dormirme; realmente me mareé demasiado por el golpe y por las heridas. Recuerdo que le dije tengo mucho sueño y el inmediatamente me gritaba y me rogaba que me levantara para que me diera el aire y que caminara que no me desmayara, creo yo que si me hubiese desmayado no creo que hubiera despertado porque al momento de sentir el mareo y cerrar los ojos mi vida comenzó a dar vueltas alrededor de mí, recuerdo que me veía de niña a más grande y en cuestión de segundos pude ver mi vida.

Luego Miguel Ángel -muy nervioso- me dijo que qué podía hacer porque todo estaba muy lejos y le dije que se fuera caminando a la tiendita que habíamos pasado hacia un rato y que ahí, tal vez podría encontrar a alguien para que me ayudara, gracias a Dios iba pasando un muchacho que hacia el rumbo de Coroneo y al verme se detuvo y me subió y me llevó a la clínica cerca de Coroneo. Honestamente tuve mucha suerte ya que nos quedamos en medio de la nada y el muchacho se ofreció a llevarme a la clínica. Desafortunadamente me tocó un doctor de muy mal genio que me trató súper mal, me puso anestesia en la barbilla para coserme, pero aún no me había hecho la anestesia y comenzó a cocer y claro que me dolió horrores.

Recuerdo que cuando llegué a la casa de mi abuelita ella solo se me quedó mirando y movió la cabeza, me dijo: yo sabía que algo así podía pasar y solo me metí a mi cuarto y recuerdo que esa noche mi prima Cristina se fue a dormir conmigo para cuidarme, realmente ella también fue un ángel en mi vida. Ella me cuenta que yo no me queje en toda la noche, tal vez todavía tenía el efecto de la anestesia y no me dolía. y sé que ella en silencio se puso a llorar por mí, porque yo no me quejaba fue la mamá de mi tía Rosa María la que me fue a ayudar y a curar las heridas, recuerdo que las heridas de mis manos estaban completamente abiertas, mi piel estaba carcomida por el chapopote de la carretera y eran como quemaduras porque prácticamente se me arrancó toda mi piel, entonces Doña Bernarda con sus curaciones me curó muy pronto las heridas, con ayuda de mertiolate, que es un líquido morado me las tapó, recuerdo que me dolía muchísimo, como si me estuvieran pellizcando y era porque al momento de taparme la herida todavía tenía infección y se me llenó de pus por dentro y entonces las heridas comenzaron a supurar pus y mi abuelita me puso sábila caliente para que me absorbiera toda la suciedad y toda la infección, pero me dolía muchísimo.

Pero yo y mi mala cabeza no me iba a quedar ahí en mi casa como si nada y no sé si a la semana o a las 2 semanas hubo una fiesta ahí en el pueblo de Coroneo para celebrar a la Candelaria, en el centro, donde van varios grupos musicales al aire libre y yo me fui con todo y mis vendas y ahí andaba, me parece que no tome alcohol, no recuerdo bien, pero ahí me di cuenta que mis amigos solo me buscaban cuando les invitaba el alcohol, porque en esa ocasión fueron contados los que me fueron a visitar, a ver y a preguntar que cómo estaba y comencé a ver que los amigos simplemente son en las parrandas y en las pedas. Como les comento, no sabía a dónde dirigirme en cuanto a pedir ayuda sobre mi estado emocional y físico, ya en ese punto de mi vida fui con mi tía Mari que estaba acudiendo al DIF (Sistema para el desarrollo integral de la familia) de ahí del pueblo de Coroneo con un psicólogo o al menos ella lo llamaba así, era un muchacho muy joven a quien después fui a visitarlo yo también, porque le pregunté a ella que, si le estaba ayudando y ella dijo que sí, que se sentía mucho mejor.

Quiero contarles esta historia también porque también fue clave en lo que se refiere a mi estado emocional, ya que también no solamente había perdido a mis padres, sino que también tuve otra perdida muy importante en mi vida que fue mi prima Rosa María, que era prácticamente como mi hermana, en quien confiaba para poder contarle mis cosas, recuerdo que me había venido para Estados Unidos cuando sucedió esa tragedia.

Leticia y su tío Roberto había tenido un accidente de muy raro y muy triste, iban los cuatro en el carro de Roberto y el carro se sumergió en la presa de cerro de cebolletas. Solo a ella le contaba mis secretos y mis tristezas. En esos días estaba pensando traérmela para acá para Estados Unidos porque ella quería venirse para acá, yo le comenté que me esperara poquito y que cuando yo juntara el dinero le haría llegar aquí, bueno porque hasta la fecha sigo aquí en Estados Unidos

Desafortunadamente falleció antes de que pudiera hacerlo, los cuatro eran tan jóvenes y tenían toda una vida por delante, francamente no entendía el por qué tenían que pasar ese tipo de cosas y nuevamente me quedé sola, ella era la única persona en la que confiaba y ya no estaba, mi tía Mari, su mamá, duró mucho tiempo para recuperarse, eso fue demasiado duro para ella, dos hijos, su hermano y una sobrina al mismo tiempo fue mucho y es por eso que estaba recibiendo apoyo de parte del DIF (Sistema nacional para el desarrollo integral de las familias) y le estaban ayudando.

Y sí, si fui a hablar con el joven psicólogo, pero honestamente no me sentí confortable con mi confianza para contarle mis problemas ni mis cosas, creí que una persona tan joven no me podría ayudar en cómo me sentía en ese momento.

Pasaban los días y francamente me metía mucho más en el alcohol y en mis problemas y aún seguía con esa relación clandestina que no me hacía nada bien, pero no sabía vivir sin ser codependiente de alguien o de algo como lo era el alcoholismo y todos esos malos hábitos que tenía en ese momento.

La verdad, toda a mi alrededor y toda la gente que me miraban tan mal, pero nadie se atreve a decírmelo porque yo, con el alcohol, era demasiado agresiva y no permitía que nadie me hablara de nada, simplemente no dejaba que se acercara la gente. Estaba siempre a la defensiva y creía que todos me querían lastimar.

Me hundía más en el alcohol. Yo resumiría mi vida en la canción que saco Alejandra Guzmán llamada "No se vale llorar", con la cual hice un pequeño video de tiktok en mi cuenta, espero que escuches la canción y veas mi video, búscalo en: https:www.tiktok.com/t/ZTYw356QP/

Mi llegada a Alcohólicos Anónimos

Aquí comienzo otra parte mi experiencia ya en alcohólicos anónimos, grupo de AA de 4° y 5° paso, donde un buen día Dios mandó a una buena samaritana que de antemano sabía que yo pedía ayuda a gritos.

Hasta ahora te he compartido -querido lector- todo lo trágico que había sido mi vida y probablemente te preguntarás por qué o para qué seguir leyendo este libro, bueno, les debo mencionar una vez más que no ha sido nada fácil compartirles mis más oscuros secretos, tal vez en este momento pensarás que tú has pasado cosas peores, pero en esta parte de mi vida cuando Dios comenzó a voltear a verme, comenzó a mandarme Ángeles a mi vida para poder salir adelante de lo que yo, hasta ese momento, no le encontraba ni rumbo ni dirección, y es literal porque andaba como gallina sin cabeza, bueno al menos eso pensaba cuando mi abuelita mataba a sus gallinas y les cortaba la cabeza, pues en su desesperación por sobrevivir ya sin la cabeza todavía aleteaban y comenzaban a dar vueltas sin ninguna dirección, ya que no sabían o más bien, no podían mirar nada, pues sin cabeza no podían ver a dónde dirigirse, así estaba yo exactamente.

Les comento que Dios mandó a una samaritana, su nombre es Berenice, la hija de mi maestro de sexto de primaria. Ella llegó a invitarme a un grupo de "doble a" (alcohólicos anónimos) y fue ahí donde comenzó otra historia diferente y llena de esperanza y de sueños, de sueños interrumpidos por creencias limitantes y una sociedad errónea, recuerdo bien que en esa ocasión la escuché atentamente y lo único que le dije fue: ¿Y por qué Fuiste tú?

Se lo pregunté porque yo sabía que ella no tenía problemas con el alcohol y solo se me quedó viendo y me dijo: todos necesitamos ayuda. Unos por una cosa y otros por otra, pero vamos, allá alguien te va a entrevistar y te va a dar las respuestas correspondientes.

Me dijo una frase que hasta la fecha Todavía la tengo en mi cabeza.

"Solo confía Y déjate guiar"

Imagínense que en mi vida yo pensé en no volver a confiar en nadie; sin embargo, por primera vez en mi miserable vida lo hice, de todos modos, ya no tenía nada que perder, pues para ese momento ya me habían diagnosticado principios de endometriosis quística que es un tipo de cáncer en la matriz. Me habían sugerido quitarme la matriz y créanme que lo iba a hacer, pero escuché a mi hermana Graciela decirme que no lo hiciera, que tal vez en un futuro iba a querer tener un hijo y ya no lo iba poder a hacer, así que tomé la oportunidad y fui a la primera junta que me había sugerido Berenice.

Debo recalcar que en esos grupos de cuarto y quinto paso te aclaran que desde un principio te estarán apoyando hombro con hombro hasta el final de tu experiencia, pero que es tu responsabilidad asistir a siete juntas de reparación de daños y que, si faltas a alguna, no podrás completar tu experiencia y tendrás que esperar hasta la siguiente temporada.

El cuarto y quinto paso consiste en hacer un inventario moral de ti mismo, lo cual no es nada fácil enfrentarse a todos esos defectos de carácter que al menos yo no quería ver y me era más fácil culpar a los demás de las consecuencias de mis malas decisiones. Fue ahí donde pude ver que estaba jugando a ser una víctima y que vivía culpando a todos por todo y por nada, ya había entrado en un estado de negación total y me volví egocéntrica, rencorosa, envidiosa, mentirosa, criticona y todos los defectos que se puedan agregar a un alcohólico como yo.

Las juntas están basadas en temas de los libros de alcohólicos anónimos, de acuerdo a los pasos que el programa establece. En el primer paso, los servidores comparten sus experiencias con el alcohol, los daños que causaron y cómo es que el programa de AA los está ayudando a seguir avanzando y a superar los obstáculos, obstáculos que se van a seguir presentando por el resto de nuestras vidas y que solo por hoy tenemos la oportunidad de vivir sobrios y conscientes.

De antemano te hacen saber que probablemente van a ver muchos obstáculos para llegar a tus juntas, pero que confíes en un ser superior y también en la oración a la serenidad que es muy poderosa, que la puedes declarar en cualquier momento y que a su letra dice:

"Dios, concédeme serenidad para aceptar las cosas que no puedo cambiar, valor para cambiar las que sí puedo y sabiduría para distinguir la diferencia, hágase tu voluntad y no la mía"

Esa oración la hice mía realmente, siempre la tuve en mi mente y constantemente la decía.

Llegué a mi primera junta y gracias a Dios yo estaba lista para recibir la ayuda, así que no hubo mucho problema en llegar ni nada de eso, simplemente estaba ansiosa y un poco desesperada por saber de qué se trataba. Recuerdo que llegué y me senté, y desde ese primer momento que comenzaron la junta yo comencé a llorar, miraba todos los cuadros que tenían en esas paredes y realmente me llamaban la atención, se me grabo uno que decía: "poco a poco se va lejos" y otro que decía: "Un día a la vez" y muchos otros que en verdad eran hermosos.

Otro decía: "Si faltas a tus juntas, no preguntes porque recaes". Yo aún no entendía todo eso, pero poco a poco fue dando forma todo. Al paso de los días fui entendiendo la forma como llevaban las juntas y la forma de expresarse era muy fuerte y dura. Cómo dicen ellos: "aquí se les llama a las cosas por su nombre, al pan, pan y al vino, vino, no iban a disfrazar las cosas y las llamarían por su nombre.

Terminamos la primera junta y todo estuvo bien, lloré mucho y aunque no entendía de lo que se trataba, yo ya quería hacer mi inventario personal, así fueron pasando los días y en una ocasión miré uno de los cuadros que tenían y vi que se llamaba "Las huellas de Jesús", en él se miraban unas huellas en la arena y decía un texto más o menos así:

"En los momentos más difíciles de tu vida yo estaba ahí y te llevaba entre mis brazos".

Él nunca me había abandonado. Y entonces recordé las palabras de mi tío José que me había dicho que Dios tenía cosas grandes y maravillosas si me alejaba de la vida que llevaba y ahí todo comenzaba a tomar sentido para mí y eso que aún no había tenido mi experiencia con el grupo, pero todos esos pequeños detalles fueron clave para llegar a esa experiencia tan maravillosa, cada vez que se me presentaban los obstáculos, yo declaraba la oración a la serenidad.

Gracias a Dios pude completar mis siete juntas y llegó el día de irse. Eran prácticamente tres días de tu vida como dicen ellos en un fin de semana que te debes regalar a ti mismo. comienza el viernes en la tarde y regresan el domingo. Todavía se me eriza la piel solo de recordar lo que me esperaba en ese lugar, desde el momento en que salimos ya comencé a practicar cosas que me eran extrañas para mí.

Se nos dieron las indicaciones y nos dijeron que nos teníamos que concentrar en nuestro inventario personal y no debíamos hablar los unos con los otros y eso no fue difícil para mí, pues de todos modos no confiaba en nadie.

Nos fuimos y en unas cuantas horas llegamos y recuerdo que al comenzar fue un trabajo difícil y desgarrador para mí, pero como todo en la vida, con sus recompensas maravillosas, sé que no debo contar mi experiencia -desafortunadamente-, ya que existe el principio de anonimato en el grupo y por ningún motivo se puede contar lo que pasa adentro de ese lugar, por respeto a los compañeros y a las personas que aún no viven esa experiencia, ya que el trabajo es individual y cada quien -como se dice allí- de acuerdo a su trabajo, es la recompensa, por eso te sugieren desde un principio ser honesto contigo mismo, pero sobre todo con Dios.

La honestidad es la clave de poder salir limpio y pleno a vivir una vida totalmente diferente a cómo la has estado viviendo hasta entonces. Realmente fue una experiencia única y maravillosa contar con el amor de Dios en todos los aspectos, sobre todo con una canción o alabanza llamada "Nadie te ama como yo" Habla de cuánto tiempo estaba esperándome y lo mucho que me ama y que él sabe lo que he sufrido y cuánto he llorado. Al escucharla rompí en llanto y no podía parar de llorar, recuerdo que me que me gustaba ir a la iglesia cuando era niña y en ese momento regresé a mi niña nuevamente y supe entonces que la había vuelto a rescatar. Dicen que cuando la noche se hace más obscura es cuando viene el amanecer, y sí, efectivamente después de andar entre penumbra y oscuridad por fin podía ver una luz en el camino.

Terminó la experiencia y para mí era increíble ver como de un día para otro podía cambiar tanto en mi vida, pues anteriormente la había visto obscura y tenebrosa y ahora la miraba tan hermosa, que hasta podía escuchar el sonido de los pájaros y podía sentir el aire fresco en mi rostro y disfrutar el sol, y verlo de frente, era tan hermoso todo lo que realmente sentía que literalmente me sentía viva.

Antes de salir de ahí se nos dieron sugerencias del trabajo que teníamos que hacer, porque a partir de ese momento debíamos comenzar una vida con propósito, lo cual yo no tenía y lo primero que debía hacer era comenzar a realizar mi reparación de daños, nos fuimos de ese lugar hacia la ciudad de Querétaro donde con apoyo de todos los padrinos, se encargaron de llevar a nuestros familiares, y recuerdo que al momento de abrir mis ojos, estaba mi hermana Graciela, mi sobrino Adrián y mi sobrina Ashley.

Eso sí que fue muy impresionante para mí y también muy emotivo, porque si no mal recuerdo, mi hermana Graciela fue a la que le había causado el daño más grande con mis decisiones y mi mal comportamiento, así que era esencial pedirle perdón y comenzar ahí mismo la reparación de daños.

A partir de ese momento, poco a poco fui llegando con las personas correspondientes en mi vida para pedirles perdón por no ser la persona que ellos querían que fuera y todo iba muy bien, solo había un detalle, que mis hermanas, mi hermano y mi ex pareja, con el que me había casado estaban es en Estados Unidos. Yo aún tenía en mi cabeza que no podía regresar al país ya que había sido deportada, pero había muchas personas más donde sentía la necesidad de reparar esos daños y no estaban a mi alcance porque la idea era que lo debía de hacer personalmente y de manera específica, como se me ordenó, así que comencé ahí en mi rancho con mi abuelita, que en ese entonces era la persona que al menos yo creía que él había estado dañando con mis acciones y mi forma de hacer las cosas, sin importarme cuántas preocupaciones le daba a ella.

También seguí apoyando en el grupo y pude llevar a mi prima y a mi amiga Nieves y también se presentó la oportunidad de que mi ex novio Adán, que había regresado en esos días de Estados Unidos y me había buscado, también lo invité, pensando que podríamos hacer una vida juntos, ya que había sido una persona muy importante en mi vida y cuando lo vi de regreso, realmente pensé que Dios me lo había mandado por su experiencia y de inmediato comenzamos de nuevo una relación, pero desafortunadamente no todas las personas que van a esos lugares lo toman con la importancia que para mí había sido, así que, él siguió en lo mismo y siguió tomando y en su mundo de locura, así que nuestra relación no funcionó, tal vez simplemente él tomó su experiencia de otra manera o no estaba preparado para vivirla, no lo sé, lo único que yo sé es que no funcionó porque yo no iba a permitir que nuevamente me siguieran usando y controlando, así que comencé a planear cómo irme de nuevo para Estados Unidos para terminar mi reparación de daños y para comenzar una vida diferente, ya que tenía el valor y la esperanza de que Dios estaba conmigo y que él me iba a ayudar a llegar a mi destino.

Entonces fue cuando contacte a mis amigas Evangelina y Carmen, sus parejas pasaban gente en ese entonces por el lado de Arizona y bueno, emprendí un largo viaje que me llevaría un par de meses en llegar con mi familia a Texas;

durante el camino, hubo situaciones que quiero mencionar que para mí son importantes; en primer lugar, me fui con una Biblia que me habían regalado, por cierto, fue Adán, y cada vez que migración estaba a punto de agarrarnos yo me ponía leer la Biblia. Cada vez que abría la Biblia y comenzaba a leerla salía el salmo 91, quién sepa de salmos, sabrá que ese salmo es muy poderoso, es de protección., ahí supe inmediatamente que Dios estaba conmigo y que no debía tener miedo en ningún momento y fue gracias a su misericordia que llegué con mis amigos a Phoenix, Arizona.

...de regreso a los Estados Unidos

Cuando regresé a los Estados Unidos, vivía cerca de mi prima Lucero, con la que en mis tiempo de parranda agarrábamos la borrachera y pasado muchas aventuras y claro que ellos no entendían porque yo actuaba de esa manera y mucho menos el por qué ya no quería volver a tomar y para ella era algo muy raro verme así, mucho más porque estando allá, me comencé a deprimir y ahí fue donde empezaron mis borracheras secas (lo que se conoce como el síndrome de abstinencia)que para ese entonces no había comprendido ni le había prestado atención a lo que me habían dicho en el grupo de AA, al decirme que todo eso iba a ocurrir porque "era como una especie de crisis curativa", ya que el cuerpo no tendría "la sustancia" (el alcohol) y que era algo normal sentir depresión; sin embargo, yo la estaba viviendo sola porque ya no tenía un grupo de AA en donde apoyarme.

Lucero me mencionaba y me recordaba porque estaba así, si yo había sido bien chingona en el pasado y nada me detenía, y me cuestionaba el por qué ahora estaba tan deprimida y tan derrotada.

Recuerdo que le dije que necesitaba ayuda, que tal vez necesitaba medicamento para la depresión, realmente para mí fue una depresión muy fuerte la que me pegó en esos días. tanto que quise quitarme la vida, me encerré en el cuarto que me daban cuando me fui a vivir con Carmen y le cerré por dentro, recuerdo que agarré las pastillas que tenían ellos en el baño y me tomé todo lo que encontré, gracias a Dios no eran pastillas de dosis fuerte ni tan peligrosas, lo único que me dio fue un gran dolor de cabeza y me provocó vómito, pero nada más.

Ahí fue la primera señal donde me di cuenta que si me alejaba de la mano de Dios, mi vida estaba acabada, porque efectivamente, las depresiones que me daban eran por la ausencia de Dios, porque no tenía la suficiente confianza como para creer que no estaba sola y pedirle ayuda.

Como mis amigas vieron que estaba muy deprimida me sugirieron que me fuera para Texas con mi familia, así que comencé a buscar a alguien que me pudiera llevar y sí, efectivamente conseguí a alguien que se dedicaba a ir por personas a otros estados y así logré llegar con mi familia a Texas; donde al llegar, la verdad me lleve otra sorpresa al llegar con mis hermanas porque las vi muy acabadas, demasiado viejitas ya y estaban muy mal. Ya que en Estados Unidos solo se la pasa uno trabajando y descuida bastante su salud y ellas había trabajado por muchos años en la noche, toda la noche, así que estaban igual o peor que yo de desenfocadas y deprimidas, traían muchas cosas que tenía que trabajar y que no iba a ser fácil.

Para ese entonces, mi trabajo de recuperación apenas iba a comenzar, ya que se me había pasado el detalle de no solamente dejar de tomar, sino también de fumar, entonces como ya no tenía la sustancia del alcohol me enfoque en el cigarro, que era peor el asunto porque me estaba dañando totalmente mi salud y como les mencione anteriormente, ya tenía principios de cáncer por toda mi irresponsabilidad en mi forma de vivir, de no cuidarme sexualmente con las personas que estuve involucrada, así que poco a poco, mi cuerpo me empezó a hablar y a decir que necesitaba ayuda, pero ahora estaba más confundida porque pensé, y ahora ¿cómo voy a reparar mi cuerpo?

En mi ignorancia yo no sabía que, si lo cuidas y le das lo necesario, efectivamente el cuerpo es tan maravilloso y tan inteligente que te va a responder y se va a regenerar si tú lo limpias y lo cuidas.

En un poco de tiempo me empecé a enfocar en buscar trabajo porque era lo primero que debía de hacer para generar dinero para pagar todas mis deudas al llegar a ese lugar, porque tuve que pedir dinero para llegar y todo eso lo tenía que pagar. Así que comencé a hacerme responsable de mí misma, y tenía que comenzar todo bien para que todo saliera bien y ya consciente del daño que le había hecho a mi cuerpo, me preguntaba si podía haber algo para corregir todo eso, entonces un buen día, mi prima Maribel le llamo a mi hermana Lucía para hacerle una presentación de productos naturales que eran nutritivos y que también te ayudaban para limpiar y desintoxicar tu cuerpo. En ese momento yo estaba con mi hermana cuando ellas llegaron y comenzaron a dar la presentación y comenzaron a decir que no solo te ayudarían a nutrir tus células, sino que también tenías la oportunidad de limpiar tu cuerpo y así me interesé mucho, y aunque yo no está en la presentación ahí estaba cerca donde yo alcanzaba escuchar, así que tomé la decisión de preguntar si yo también lo podía tomar y cómo podía hacerlo, adquirí una caja de productos y ahí fue donde comencé una nueva etapa en mi vida que me llenaría de esperanza porque al fin alguien me había dicho que si podía reparar ese daño también en mí, así que me emocioné y le eche todas las ganas para hacer todo, tal cual me lo dijeron, claro que la crisis curativa no fue nada fácil, pues enseguida comencé a ver los efectos de los productos que me estaban desintoxicando toda mi cuerpo, tenía un olor indescriptibles que salía de mi piel, era algo así como el olor de un establo lleno de vacas, era muy raro, y aunque yo me bañaba, seguía oliendo a ese olor. no sé si era mi mente jugándome una mala pasada o si realmente yo tenía ese olor y comencé a preguntarme porque me estaba pasando eso, aparte de los dolores de cabeza y sentir mucho cansancio y bueno, me respondieron diciéndome que eso era normal ya que tenía mi cuerpo muy intoxicado y muy desnutrido a la vez, por todo por todo el alcohol y el cigarro que le había dado por unos cuantos años.

Y bueno, después de que estar consumiendo los productos también me comenzaron a llevar a las reuniones para aprender a usarlos mejor y más adecuadamente y también me invitaron a que entrara al negocio de vender los productos, lo cual me ayudó muchísimo, gracias a que las clases que ahí daban eran de desarrollo personal y claro que todo eso me iba ayudar, ahí comencé de nuevo a creer en mí misma y comencé a sentirme bien, a sentirme diferente, baje de peso, cambié mi piel totalmente y me sentía muy empoderada y con ganas de conquistar el mundo, creo que por fin todas esas piezas que estaban rotas por un lado y por otro comenzaban a unirse y a tomar forma nuevamente, así fue como comencé una nueva etapa de mi vida, al desintoxicar mi cuerpo y nutrirlo.

Comencé a asistir a las clases de nutrición y a cambiar mis hábitos alimenticios, a tomar agua y realmente me sentía maravillosa, me sentía como si me estuvieran cambiando el chip de mi mentalidad y me estaba sintiendo muy bien.

Les voy a mostrar una foto en esa etapa en la que estuve ahí apoyándome de la nutrición y del desarrollo personal que esta foto lo dice todo.

Como puedes ver, en esta foto estaba radiante, hermosa y con una piel nueva y me sentía extraordinariamente feliz y te digo todo esto porque más adelante te podré mostrar otras fotos donde todo cambió, así que disfruta de ella porque más adelante podrás ver que era el comienzo de algo que no me esperaba o qué tal vez fue consecuencia de mi negligencia y mi falta de amor propio que desvíe toda esa vida extraordinaria, no por el alcohol ni por el cigarro, ni por las fiestas, sino por un hombre.

Pasaron unos meses en los que me enfoque en limpiar mi cuerpo, mi mente, mis hábitos alimenticios y tomar la suficiente agua. Para mí no era nada fácil, pero gracias al desarrollo personal que recibía, todo fue más llevadero. Abrimos varios clubs de nutrición y fue ahí donde conocí a

Santiago, un hombre que bueno, sabiendo que yo estaba soltera, puso sus ojos en mí y yo en él.

Mi encuentro con la Transformación Personal

Este personaje (Santiago) quiero mencionarlo porque fue clave y por alguna razón estuvo en mi vida, porque él me conecto a otras cosas que me ayudaron en mi desarrollo personal a un nivel más profundo, tristemente solo quería jugar conmigo y bastó una noche para evadirme y desecharme como papel higiénico.

En ese momento yo no era consciente de mi falta de amor propio ni de como ponía mi fe en personas equivocadas y fue muy incómodo porque tenía que verlo en el club donde trabajábamos y en los eventos de la compañía, pero aun así seguía yendo y saliendo adelante. La presidenta de la compañía fue invitada a una escuela de vida de desarrollo humano con ejercicios vivenciales llamada descubrir y fue cuando todo en el club comenzamos a ir, Santiago me invitó a mí y a mi hermana Ofelia que en ese tiempo también comenzaba a tomar los productos, y claro que se me hizo rara su invitación, pero al fin de cuentas aún todavía sentía yo algo por él y creía que me estaba invitando porque quería acercarse a mí, pero no, era por otra razón muy diferente, creo que se sentía culpable por haberme usado y rechazado, así que ahora quería de alguna manera arreglar su error por haberme usado y rechazado y bueno, el único modo que pudo en ese momento de tenerme a su alcance fue invitarme a la escuela, lo cual agradezco a pesar de todo.

Mi hermana Ofelia obviamente no quiso asistir, la vida le tenía otro camino, pero yo sí, por interés a Santiago y porque realmente quería saber de qué se trataba y lo necesitaba también.

Como pude pagué el depósito para el primer taller del básico con muchas dificultades y todo, pero realmente valió la pena, me enamoré del programa, porque sí bien el grupo de AA me había apoyado, esto era otro nivel, fue realmente extraordinario, un programa excelente y muy completo donde por fin, supe que lograría mis metas y mis sueños, donde me sentía importante, valiosa y hermosa por dentro y por fuera. El entrenamiento básico solo fue eso, el básico como su nombre lo dice, pues solamente era la base para comenzar una vida extraordinaria o al menos eso creía en ese momento.

Terminamos el básico y aprendí que podía tener todas y mil maneras de poder conseguir lo que quería, así que ya no tenía excusas para llegar a mi avanzado y cómo pude dentro de todas las dificultades del mundo pude llegar a mi avanzado también. Puede haber mucha diferencia entre el grupo de AA y estos talleres, ya que en AA no se te exigía ninguna cuota porque ahí se mantienen, con sus propias contribuciones, pero acá era totalmente diferente, acá debías de pagar bastante dinero para estar y asistir a esos talleres que era una de las formas que te demostraban, que cuando quieres lograr tus sueños puedes hacer lo que tengas que hacer para lograrlo.

En el taller básico te daban todas las herramientas para seguir a los siguientes niveles y los que no seguían simplemente era porque no querían hacerlo y punto.

En el avanzado fueron tres días de arduo trabajo muy intenso, pero hermoso, donde si bien el básico fue para darnos las herramientas, el avanzado fue como ponernos una en una catapulta y lanzarnos a la tercera dimensión de la existencia. Fue algo hermoso y muy emotivo.

Les he querido compartir esto porque más adelante se darán cuenta de la conexión que tiene todo lo que hasta ahora he escrito.

En uno de los ejercicios me tocó narrar e interpretar el efecto mariposa, aún no sabía lo que me esperaba la vida años después, pero que en ese entonces tenía todo el sentido del mundo.

Terminamos el avanzado y teníamos que organizar todo para ir a nuestra visión y fue ahí donde tuve que tomar decisiones drásticas porque la presidenta de del club o de la compañía me puso un pie en el camino y me suplicó para que no siguiera con la visión porque era mucho tiempo y dinero que era negocio de la escuela descubrir y que los sueños de la compañía no podían esperar y yo no quise seguir así pero si quise seguir con mi visión y lo hice con los cientos de obstáculos y trabajo arduo que vino en el camino y organizamos la siguiente visión y estuve de apoyo y me di cuenta que eso era lo mío, apoyar a la transformación de otros seres humanos y comencé a invitar a más personas, como siempre lo había hecho primero a mis familiares pero no me resultó, como siempre, fui con mi hermana Patricia y su esposo y no simplemente me dijeron que no estaban listos, que no estaban interesados y entonces fui con Vicente Sabino que era un amigo que tenía interés en mí amorosamente, pero yo nunca le había querido dar la oportunidad y ciertamente fue contradictorio el haberlo llevado ahí porque aún tenía sentimientos, los cuales se hicieron todavía más fuertes después de asistir. al programa, porque te hacen saber que la persona que te invito es porque te aprecia y quiere lo mejor para ti, entonces él tomo eso pensando que tal vez ya estaba interesada en él, pero, pues nada de eso, simplemente quería que fuera libre y lograra sus propios sueños. qué tal vez estaba aquí enfadado conmigo y que ahí se iba a dar cuenta, así como lo había hecho yo con Santiago.

Estuve por muchos días pensando a quién pudiera yo invitar de mi familia que me escuchara, pero solo se me vino a la mente mi tía Vicky, Victoria. La verdad no sabía cómo invitar a mi familia, recuerdo que fui con mi hermana y como les digo, me rechazó, así que me dirigí con mi tía y como ella estaba pasando por una depresión sumamente fuerte por la ruptura de su matrimonio, gracias a Dios que me escuchó y si fue a la entrevista y asistió a su básico y así siguió la cadena ella, invito a mi tío Hipólito que fue alguien muy importante, ya que muchas personas de mi familia lo veía como el papá, después de que falleció mi abuelito, pues se quedó como él, siendo la cabeza de la familia y todos los respetaban, así que el invito a sus hijos: Elizabeth, Abraham, Carolina y Azucena. Mi hermana Lucía también asistió, mi tío la llevo. Se me olvidaba también Karina ella realmente ha sido un milagro en ese programa. Y después que todos ellos hicieron su básico y su avanzado pasó un buen tiempo para organizar la otra jornada, así que, en esa jornada, que ya era la visión 38, mi hermana Lucía llevó a mi hermana Patricia, mi hermana Patricia se fue con todo y su esposo Armando y también mi tía Vicky llevo a mi prima Maribel. Así que para ese entonces yo ya estaba bien concentrada en servir y apoyar a la escuela y me tocó alineación para estar, siendo que no sabía que mi hermana, mi prima y mi cuñado iban a asistir, pero yo ya estaba dentro del staff (así se le llama a los que apoyan dentro del entrenamiento) tuvieron que preguntarles si estaban de acuerdo que yo estuviera presente y gracias a Dios aceptaron y como nada es casualidad, y yo debía estar ahí, también tenía que trabajar mucho con limpiar esos espacios que aún estaban pendientes con mi hermana Patricia, y también con mi cuñado tuve el privilegio de ser el líder de su grupo pequeño y después el de la visión.

Todo marchaba aparentemente bien, pero hubo muchos contratiempos en cuanto a mi hermana Patricia y su esposo durante la jornada, pues estuvieron a punto de separarse por muchas diferencias que notaron como en un espejo que en ese lugar se nos reflejaba y con todo lo que estamos lidiando en el mundo en nuestras vidas, así que habiendo terminado mi jornada y estando de apoyo con ellos aún no me centraba, no sabía para donde dirigirme y eso se los debo confesar, porque no les puedo decir que asistir a esos lugares ya todo se te va a componer, no. Es simplemente el principio para poder amoldar tu vida, en la que al menos yo no le encontraba ni forma ni sentido.

Claro que durante la jornada y la práctica aprendí hacer muchas cosas como declaraciones y ser impecable con mis palabras, así que comencé a soñar despierta y queriendo siempre formar una familia y encontrar un buen hombre que realmente me amara. Empecé a declarar y empecé a decir que quería un hombre comprometido, amoroso, trabajador y responsable.

Hablaba y decía muchas cosas que francamente sé que no tenían ningún sentido, ni siquiera sabía lo que realmente quería en ese momento, porque si lo hubiese querido hubiera dicho esa palabra mágica que tanto me faltó y que después iba a tener consecuencias terribles en mi vida, sin pensar que el universo estaba escuchando, pues simplemente estaba decidida a encontrar el amor de mi vida y jamás dije que "en armonía y sin hacerle daño a nadie".

Estaba tan carente de amor pero aun así quería encontrar esa familia que soñaba, quería encontrar ese príncipe azul a cada paso que daba, pero realmente había muchas cosas que trabajar y que practicar en mi vida para poder lograr lo que soñaba, porque no me daba cuenta que tenía que trabajar primero en mi amor propio antes de encontrar esa persona adecuada, a la cual me había yo aferrado a querer encontrarla a como fuera y creo que el universo me había puesto a muchos en mi camino, pero simplemente yo no los había valorado, ni los había querido ver, yo estaba empeñada en que fuera a mi manera y a mi gusto, a mi tiempo y cuando yo quisiera. Tristemente eso no iba a ser posible porque si yo no estaba alineada con el universo, y él, jamás me iba a mandar lo adecuado, y así fue.

Todavía tenía el plan de los clubs de nutrición y con el sueño de querer formar mi propio club de nutrición, así que me fui con una de las líderes que había abierto su club de nutrición y me hicieron la invitación a entrar a uno, y yo tontamente acepté y lo que querían ellos era que yo les trabajara su club nada más, entonces como yo era una mujer sola me dejaron a cargo del club, pero poco después empezaron los problemas y empezamos a tener diferencias, pues había reglas y francamente no las estaba siguiendo porque la gente me miraba a mí ahí y quería estar conmigo, pero ellos -sin trabajar el club- querían que yo les respetara la gente, entonces hubo diferencias y me enfrentó la líder y comenzamos a tener problemas, así que ese día que yo salí con los ojos llorosos, triste y desanimada, pensando en si estaba haciendo bien o no, y no sé si fue el destino o mí misma desesperación, pero conocí a un muchacho, que llamó mucho mi atención. Me gustó su forma de ser y de comportarse, de tratarme, y recuerdo que, al darle la invitación al club, se interesó mucho, le di el plan y le expliqué todo lo que le tenía que explicarle, pero no pasó nada y al poco tiempo decidí regresarme con mi tío Arturo, de donde me había movido para estar en ese lugar, y como se terminó el contrato y me dijeron que cerrarían el club, me regresé por poco tiempo con él en lo en lo que pude conseguir otro lugar para irme a vivir.

Querido lector, retomando el escrito, quisiera mencionarte que estuve pasando por un duelo muy doloroso que al final del libro te contaré, pero ahora debo continuar escribiendo.

Antes creía que era un sueño y ahora sé que es necesario continuar escribiendo, pues ya me di cuenta que para mí es como un deber hacerlo, para que ustedes puedan armar las piezas de este rompecabezas de lo que ha sido mi historia de vida.

...Amor, tragedia y cáncer al mismo tiempo

Retomando todo lo que fue "Descubrir - Escuela de Vida", en algunas de las declaraciones que hice, recuerdo haber declarado que quería encontrar esa pareja tan anhelada, y bueno, anteriormente había conocido a Emeterio López, un hombre muy interesante, atractivo y muy trabajador. Un día me llamó mi prima Karina para invitarme a una kermés con baile en la escuela y yo invite a varios conocidos y solo llegó Emeterio, nos la pasamos muy bien y después de eso, al salir, mi auto no quiso encender y él me pasó batería con sus cables, nos despedimos y me dijo que si necesitaba cualquier otra ayuda le llamara y vaya sorpresa, porque se me apagó a medio camino y en esos días había caído una nevada espantosa, así que le llamé y le dije que sí me podía dar un aventón a mi casa, e inmediatamente fue y me llevó a mi casa. Ese acto de bondad fue el paso de una historia hermosa y trágica a la vez, al siguiente día me ayudó a llevar mi auto a mi casa y después me lo arreglo, me ofreció trabajo (el cual estaba buscando), él estaba comenzando su negocio de jardinería cortando césped y fui. Nunca me ha dado miedo el trabajo y yo le entro a todo y más cuando tengo necesidad, dice un dicho que *"a caballo reglado no se le ve el colmillo"*, y todo iba muy bien, entonces un día lo invité al cine y ese fue el principio de una relación amorosa que me iba costar, como dice la canción *"sexo, pudor y lágrimas*", porque vaya que lloré, pues una vez más estaba yendo demasiado rápido porque mis deseos por forma una familia no me permitieron ver las *"banderas rojas"* que el universo me ponía una y otra vez.

Me enamoré tan perdidamente que llegué a decirle que confiaba en él con los ojos cerrados, y sí, efectivamente así permanecí por ocho largos años.

Yo creí que con el inventario personal que había realizado en AA y las tres jornadas donde apoyé en "Descubrir" había aprendido lo necesario para ser una mujer, responsable, madura e inteligente, para poder enfrentar un matrimonio y probablemente si tenía todas las herramientas, lo que no sabía era todo lo que me esperaba al entregarle mi voluntad a un hombre que me había mentido desde un principio, pues todo parecía ir perfectamente bien los primeros meses. Me interesé en él y lo llevé a la escuela de vida, Descubrir y pagó su jornada completa y yo estaba tan feliz por él, porque tenía una visión extraordinaria y cometí el error de comenzar a vivir con él antes de que termina su visión y lo que pasó fue al final de su jornada (su visión), yo fui de apoyo como servidora a su último taller, llamado "tercer fin de semana" y me asignaron un servicio en el que todo mi mundo se vino abajo, porque pude enterarme que su esposa en México era una mujer muy humilde que no sabía escribir y que tenía 3 hijos, que no era uno, como él me había dicho y sentí que me rompió no sólo el corazón sino el alma misma, me sentía tan desolada que sentía un tremendo dolor en el pecho, y aunque fue muy triste, terminamos ese fin de semana.

Al llegar a casa, lo enfrenté y le pregunté por qué no me había dado los teléfonos correctos para llamarle a sus familiares y para no hacer tan larga historia, me volvió a mentir y así continuó mintiéndome una y otra vez, y yo me sentía cada vez más confundida, lo triste de todo esto es que solo me quedé con él por el qué dirán, tenía tanto miedo que mi familia me juzgara y me dijera que otra vez la había cagado.

> *"Ojalá y tú que me estás leyendo y has llegado hasta aquí, te sirva como ejemplo ver mi torpeza y puedas adquirir el valor de decir "NO" al qué dirán"*

Eso solo era el principio a varios años de tristeza, dolor y enfermedad, fue una lucha constante de estira y afloja para ver quién tenía la razón, recuerdo que el primer año de vivir juntos fue muy llevadero y trabajamos muy duro, pudimos comprar un lugar más grande a dónde ir a vivir y para ese entonces mi salud ya estaba muy deteriorada, había tenido múltiples hemorragias que me habían llevado a estar internada. En una ocasión, había llegado solo con el 7% de sangre y el diagnóstico era muy claro, tenía endometriosis y necesitaba en urgencia quitarme la matriz, lo cual había estado posponiendo desde México y, aun así, lo que hice fue que esperé un año más solo por el miedo a ser rechazada por mi pareja.

LLEGÓ EL CÁNCER A MI VIDA

En mi ignorancia no sabía que nada tenía que ver el quitarme la matriz con la vida sexual, si tú lector crees como yo que va a cambiar algo en tu vida sexual déjame decirte que no, es aún mejor o al menos para mí, en fin, llegó el día de tomar una decisión para mí, ya que yo soñaba con ser madre, y esa decisión fue muy dolorosa, aunque necesaria, pues el cáncer ya estaba corriendo por mi útero y poniendo en peligro los ganglios linfáticos, así que me hicieron la operación que duro más de cinco horas donde me abrieron la pelvis hasta arriba del ombligo y fue una herida de 16 pulgadas, se me inflamó el estómago y mi cuñado Jorge se atrevió a compararme con un osito mal cosido, ya que tenía grapas en el abdomen y para mí era realmente muy estresante verme el estómago.

En el embarazo, a las mujeres les va creciendo poco a poco; sin embargo, a mí no me dio tiempo prepararme y fue muy dura la recuperación y para mí fue como una depresión postparto, ya que me sentí como cuando una mujer tiene un bebé, donde lo más duro era que no había bebé, ni en quien cobijarme o con quien consolarme, estaba sola. Mi pareja se enfocó en trabajar y aunque sé que alguien lo tenía que hacer no tuvo la delicadeza de hacerme una llamada para ver cómo me sentía o si necesitaba algo y todo comenzó a decaer, yo creía que era lo suficientemente capaz de enfrentar todas las adversidades, pero aún no había comenzado el verdadero examen de mi vida, pasaron unos tres meses cuando comencé a sentir un dolor en la ingle, era como una punzada constante y poco a poco comencé a caminar torcida (cojeaba), así que fui a mi chequeo y me dijeron que si se me quitaba con ibuprofeno que lo siguiera tomando, pero llegó e punto que no podía dormir, cuando me relajaba los músculos se abrían y el dolor era más intenso hasta el punto de despertar gritando, no aguante y fui al médico y gracias a que Dios puso un ángel más en mi camino y se dio el tiempo de ver con cuidado que en seis meses no me habían hecho ningún estudio para ver qué era lo que me tenía así, por lo que me hicieron rayos X, llegó el doctor y me dijo que tenía que quedarme internada porque había aparecido un posible tumor en el hueso de la pelvis izquierda y querían ver si era maligno, me hicieron todos los exámenes correspondientes y biopsias para saber si era cáncer y efectivamente, era un tumor maligno y tenían que hacerme radiación inmediatamente para parar su crecimiento.

Ya para ese entonces mis muslos se estaban abriendo y eso provocó que mi pierna izquierda no tuviera fuerza y los nervios de mi espalda y de todo el lado izquierdo, desde el talón hasta la nuca -incluido el cerebro- me doliera, se me habían puesto muy rígidos y tuve que usar una andadera por un tiempo para caminar bien, me sentía como una anciana de 80 años, lo más difícil fueron las radiaciones, me lastimaron demasiado por dentro y por fuera, me daba vomito y nada toleraba mi estómago, ni el agua, ni la comida, solo podía comer nopales asados con sal y poquita salsa.

Como el tumor estaba en la pelvis, me salieron llagas en la ingle y dentro de la vagina y el ano, fue tan doloroso que gritaba cuando tenía que hacer mis necesidades, fue muy duro y doloroso, me dieron un par de quimioterapias después de terminar la radiación, y para ese momento aún no se me había caído el cabello y según yo todo iba muy bien, incluso me atreví a decirles a las mujeres que estaban preocupadas por su cabello que por qué les dolía tanto, si después les volvería a crecer, eso fue porqué aún no se me caía a mí y pude experimentar el grado de vanidad que los seres humanos podemos tener cuando nuestro físico cambia, algunas de esas mujeres se preocupaban porque gastaban mucho dinero en pintarse el cabello y yo pensaba ¿en serio eso es lo que les preocupa en este momento?

CON EL CÁNCER TAMBIÉN LLEGÓ LA ESPERANZA

Regresando a cuando trabajaba en esa tienda, recuerdo que un día llego un joven y me pidió una agua de sandía y yo se la preparé y se sentó un momento, se la termino y volvió a pedirme otra, me pareció extraño pero la preparé y se la entregué, le pregunté que si quería algo más y dijo que no, me pegó el agua y me entregó un billete enrollado como propina, yo lo iba a colocar en el bote de las propinas pero me hizo señas de que no lo hiciera, que era solo para mí, yo me emocioné pensando que era un billete de veinte dólares y al llegar a mi casa, saque el billete para guardarlo en mi alcancía, (todo lo que ganaba de ese trabajo lo colocaba en mi alcancía para poder comprarme un auto mejor que el que tenía), para mí sorpresa el billete era de cien dólares, me quedé muy sorprendida y no podía creer que alguien, sin conocerme pudiera hacer eso por mí, era evidente que lo hizo porque vio mi condición y aunque yo trataba de verme lo mejor posible, mis ojos sin pestañas me delataban, junto con el pañuelo que llevaba en mi cabeza, fue ahí donde comencé a ver la mano de Dios, esa fue una de tantas personas que Dios había mandado a mi caminó, en casa todo comenzaba a flaquear, aunque nunca deje de generar dinero, cuando no podía caminar tejía gorros de gancho (crochet) de figuras de caricaturas de Disney y los vendía en el hospital, en una ocasión tuve un pedido de 22 gorros, una señora que estaba recibiendo quimioterapia en el mismo cuarto se sorprendió al ver que las enfermeras mientras yo estaba durmiendo se llevaban el gorrito y me dejaban el dinero y me dijo ¿cómo es que usted hace dinero durmiendo?

Todo eso me distraía y al mismo tiempo me llenaba de esperanza, era como si tuviera que tener que atravesar un terreno lleno de explosivos con una venda en los ojos y lo único que debías hacer es escuchar voces que me dirigían hacia dónde ir, yo aturdida, confundida y sin ganas de seguir no escuchaba las sugerencias, pero Dios, en su infinita misericordia, me mandaba ángeles para que me dijeran que todo iba a estar bien, pero comencé a sentirme cada vez más débil por las quimioterapias y por consecuencia más deprimida, mi pareja no sabía cómo apoyarme y yo con la frustración de verme físicamente devastada comencé a sentirme insegura y comenzaron los celos aún peor, un día le llegó un mensaje muy tardé cuando él ya estaba durmiendo donde le decían un simple hola, cómo estás. Yo le contesté he inmediatamente supo que no era él, el número no estaba registrado con un nombre, me contestó sé que no eres él, le dije no, qué es lo que quieres y me dijo, sabes que él solo está contigo por tu hijo, me sorprendió porque yo no tenía hijos, siguió con un: pobrecito de él por tener que lidiar con una enferma de cáncer, ahí fue cuando estallé y lo desperté y le dije que por qué tenía que hablarles de mi condición a sus amigas, pero él, como siempre, me dijo una más de sus mentiras y se hizo al ofendido y se fue, yo pude haberlo dejado así, pero aún no era tiempo de alejarme, y aunque ya había pasado por alto muchas banderas rojas no quería ni aceptaba verlas, gran error de mi parte porque lo volvía a buscar una y otra vez, era evidente que a él le importaba un camino, pero mi falta de amor propio me cegaba y hacía que me quedara nuevamente ahí, esperando que todo mejorara.

Me estaba ahogando por dentro, pero mi instinto de supervivencia trataba de aferrarme a algo para poder seguir adelante, mi pareja seguía enfocado en el trabajo y yo en aferrarme en esa fuerza dentro de mí que me decía: tú puedes sigue adelante y no te rindas.

Un día me invitaron a una misa de sanación de parte de la iglesia católica del señor de la divina misericordia, yo había escuchado la historia de la mujer del flujo de sangre que fue sanada con tan solo tocar su manto y me llene de esperanza, ya que para ese entonces los doctores me habían dicho que no me iban a dejar de dar las quimioterapias y que permanecería con medicamentos toda la vida, no me veía yendo al hospital toda mi vida pues solo tenía 33 años, simplemente y no lo quería aceptar.

Estando ahí, paso el sacerdote con el santísimo y yo quería haber podido estar en la orilla para poder tocarlo; sin embargo, estaba en medio, al pasar en la línea donde yo estaba, el sacerdote se dio la vuelta y dijo: yo soy tu Dios, quien todo lo puede y quiero decirte que eres salva y tú petición se ha cumplido, me hinqué y lloré incansablemente y sentí cómo un calor me recorría todo el cuerpo, al siguiente día estuvo una hermana compartiendo y todo lo que decían era como si Dios mismo me estuviera hablando, recuerdo que al final hicimos fila para saludarla, ella me abrazo y me dijo: por favor no dejes de luchar. Realmente sentí el abrazo de Dios en ese momento, fue muy fuerte y emotivo, pero salí con la certeza de que Dios me tenía de su mano y no me pensaba soltar.

Seguí con las quimioterapias al pie de la letra y dejé de consumir comida chatarra, sobre todo el azúcar y carbohidratos por casi un año, comía lo más natural que pudiera, tomé remedios naturales como la sábila con miel y ron blanco, víbora de cascabel en polvo en mis licuados y comidas, vitaminas de muchas compañías diferentes y de tiendas orgánicas y de casi todo lo que me decías que me ayudaría, yo lo consumía. Las quimioterapias eran duras y me dio alergia al medicamento que estaba haciendo efecto al cáncer y era muy desesperante para mí, sentía mucha ansiedad y ganas de correr, un calor que me subía a la cabeza y las palmas de las manos se me ponía rojas y me daba comezón, durante varios días me dio diarrea y vómito y terminaba muy agotada y solo quería dormir y había otros que no quería despertar, pero debía sacar fuerzas de donde lo las había para seguir recordando que solo por hoy estaba viva y debía hacerme responsable de mí misma y seguir adelante. Así pasaron los meses hasta que fui a un retiro de la iglesia de San Vicente de Paul y pude escribir nuevamente qué fue lo que me había alejado de Dios. Un día, una americana se acercó y me dijo: tú ya estás sana, solo necesitas creerlo, Dios me lo dijo, pero yo estaba muy incrédula viendo que aún no tenía cabellos y no lo podía asimilar.

Así les puedo contar de muchas personas que me decían y yo no lo creía, yo quería que fuera de la noche a la mañana, pero no, todo en la vida lleva un proceso y el mío duró casi diez meses de quimioterapias, ya para entonces mis venas estaban demasiado delgadas y ya en los últimos meses se me reventaban y tenían que pincharme dos o tres veces, era muy doloroso y molesto, pero era parte del proceso y de mi aprendizaje. Los meses pasaron y un buen día me dijo la doctora que el tumor había cambiado y por un momento sentí mucho temor, pero al ver la preocupación en mi rostro, me dijo, pero para bien, creemos que está seco, así que tenemos que hacer una biopsia para ver si ya no hay cáncer activo dentro de él. Se programó la biopsia y me introdujeron una gran jeringa larga y gruesa para poder meterle por la aguja un mini cepillo y rascarlo para ver si había rastros de cáncer.

Gracias a Dios estaba inactivo y así siguió, detuvieron las quimioterapias inmediatamente y yo estaba feliz, claro que debía seguir yendo a mis revisiones constantemente, mi cabello comenzó a crecer y poco a poco, aunque tarde mucho para recuperarme de los nervios dañados y la biopsia que me hicieron, comencé a trabajar un poco más, de vez en cuando le ayudaba a mi pareja en su negocio de yardas, para eso, su primo había llegado a vivir con nosotros y no nos agradábamos mucho y yo comencé a sentir que le estorbaba a mi pareja, quise seguir adelante apresar de ver qué ya nada era igual, estaba dispuesta a levantarme y tomar la oportunidad de seguir adelante, aprendí que nada es más importante que la salud y que no importa cuánto dinero tengas, si no hay salud, nada es suficiente, no puedes disfrutar de la mejor comida del mundo porque no tienes ni sabor en la boca ni las ganas de comerla, así pasaron los meses y yo me estaba sintiendo muy bien, parecía que la vida comenzaba a sonreírme, había tenido el tratamiento todo el 2013 y a finales del 2014, en diciembre, un día en la mañana recuerdo que nos despedimos y siempre nos dábamos la bendición, bueno pues ese día en particular yo me regresé por algo y nuevamente me despedí de él y nos volvimos a dar a bendición, llegué a la casa de la persona con la que nos íbamos a trabajar y antes de salir del carro me volví a persignar.

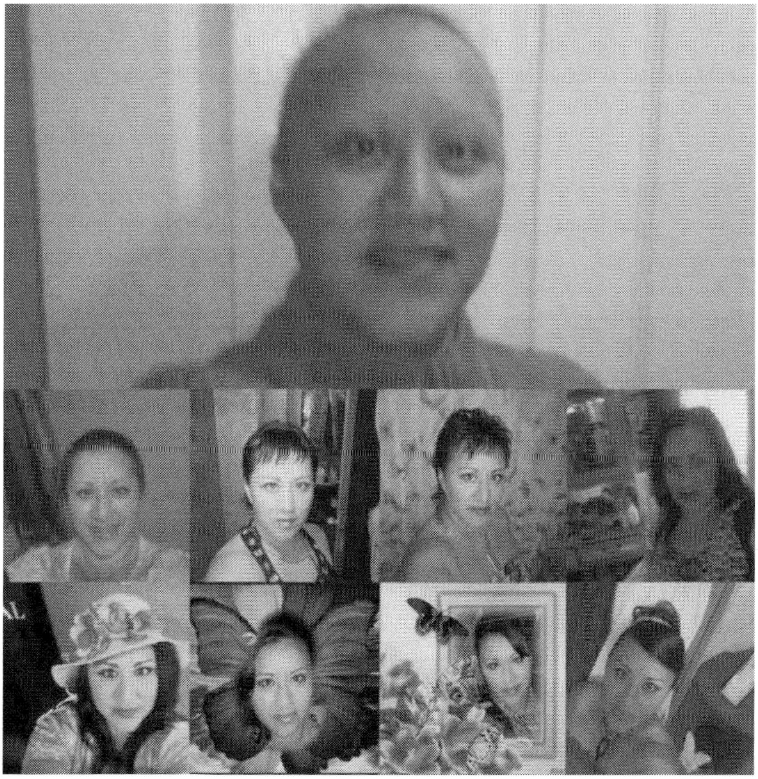

Minutos después estábamos envueltos en un accidente impresionante, fue algo inesperado e inexplicable, una mujer se había pasado con una luz intermitente en un crucero y se estrelló en nuestro auto, su auto pegó en la rueda derecha del conductor y entro en el auto y fracturó la pierna y la pelvis de Joe, el hijo de la señora que nos llevaba a trabajar a otra señora y a mí, nosotros íbamos en los asientos de atrás del auto, a mí se me fracturaron 4 costillas y el pecho, la cadera y la espina dorsal estaban cómo zigzag, fue muy dolorosa mi recuperación porque aún no estaba bien del tratamiento del cáncer y ahora pasaba eso, yo no podía entender para qué me pasaba otra vez a mí.

Me preguntaba si había sido tan perversa en la vida como para tener que pasar por tanto, duré 4 meses para poder comenzar a trabajar un poco y todo lo que había avanzado se me había desmoronando en un segundo otra vez, pensaba y le preguntaba a Dios qué quería decirme y poco a poco, me di cuenta que quería mostrarme lo que en verdad le importaba a mi pareja, porque ese día le llamé a él cuando me llevaron al hospital y me pusieron medicamento para el dolor que me dejó dormida por unas horas, y cuando desperté me di cuenta que él no había ido a ver cómo estaba , no había ido nadie, él no se había dado el tiempo ni siquiera de avisarle a mis hermanas, y fue hasta las 3pm que llegaron algunos a verme y él hasta las 5 pm, cuando el accidente había sido como a las 7:30 am, y solo me fue a saludar y se regresó a trabajar, yo me quedé en el hospital 2 o 3 días y él no regresó ni fue hasta el día que salí, era increíble que a pesar de que me dolía todo eso, yo seguía ahí, con la esperanzada de un cambio y que un día, iba ver la gran mujer que tenía a su lado, pero no, simplemente yo era cómo un mueble más en su casa.

Querido lector, estás dos semanas se me han hecho muy difíciles para continuar escribiendo, es viernes 31 de enero del 2025 y el presidente Donald Trump ha comenzado con las redadas en USA, es un caos total y tengo miedo de lo que esto conllevaría para no poder terminar este libro, hasta este punto, no me había imaginado lo que me estaba ayudando el hacerlo, pues tenía la necesidad de sacar esta historia, con la esperanza el poder apoyar a alguien; sin embargo, me he dado cuenta que hay muchas cosas que aún debía sacar y limpiar en mi interior ya que al recordar todo lo que he vivido, me he vuelto vulnerable y en ocasiones he tenido que parar para recuperarme y poder continuar, he vuelto a llorar he incluso he regresado a esos momentos duros y tengo la sensación de percibir nuevamente ese dolor, aún más que cuando lo estaba pasando, quiero aclarar que no tengo ni idea de lo que es escribir un libro y mi querido amigo que se dio el tiempo de animarme sé que en ocasiones se desespera por querer que escriba de forma adecuada y me disculpo por eso, pero cuando me pongo a escribir me meto tanto en el momento y cómo lo sentía, que me olvidó que es un libro y termino haciéndolo como un diario que nunca escribí.

Quiero agradecerte por seguir aquí acompañándome en este viaje al pasado esperando que termines el libro y pueda apoyarte y apoyar a alguien con esta historia.

El gran regalo

Muy bien, ahora quiero compartir el gran regalo que fue para mí ese bendito cáncer.

En primer lugar, me sirvió para darme cuenta que vivía la vida demasiado rápido y no me detenía a disfrutar las pequeñas cosas de la vida, como por ejemplo, ver lo hermoso de un amanecer o un atardecer, que era un regalo el poder despertar y abrir los ojos, de poder verme respirar y que cada cosa de tu cuerpo es útil para algo, como cada bello en tu cuerpo; por ejemplo, las pestañas te dan sombra del sol y protegen del aire, el cabello te protege del frio y absorbe el sudor, todo el bello de la nariz, oídos y partes íntimas nos protegen del polvo la pelusa y demás, me pude dar cuenta que el cuerpo es perfecto y que si lo cuidas y le das comida de calidad, el descanso necesario, hidratación, etc. él te agradece y se regenera, así que me sirvió mucho eso y comencé a cuidarme lo más que podía la piel, el cabello y todo mi cuerpo comenzó a restaurarse poco a poco, las personas que me vieron en andadera o caminar chueco, no podían creer lo bien que me recuperé, una de esas fue mi hermana Patricia que fue la que estuvo a mi lado por un largo tiempo, y aunque mi relación comenzó a flaquear cada vez más yo seguí adelante, comencé hacer planes para mí futuro con la certeza de que estaba recibiendo una nueva oportunidad de vida y yo la quería aprovechar al máximo, hablé con mi hermano en México porque quería comprar un terreno, con esfuerzo e ilusión y logré pagarle todo, en pagos.

Así pasaron tres años después del cáncer, el accidente y los problemas con mi pareja que ya pesaban demasiado y más de una vez hablé con él porque solo quería que de su boca saliera la verdad, porque yo ya me había dado cuenta de que todo lo que me había dicho era mentira y nunca lo aceptó y permaneció montando en su macho, como se dice. Para ese entonces, ya había traído a vivir con nosotros a su sobrino y su hijo, y en esa llegada de su hijo todo cambio completamente, su atención y todo su apoyo fue para él y bueno, era lógico pues quería recuperar el tiempo perdido, tiempo que jamás iba a volver, tal vez mis celos y mi falta de madurez hicieron el ambiente muy hostil, sentía que ya no me necesitaba y no sé bien, pero creo que fui responsable de que el buscara otras opciones, todo comenzó a cambiar demasiado y yo le agradezco, pues a pesar de que el proceso del cáncer fue muy difícil, por lo menos aguantó a que me recuperará y un buen día, después de que su hijo se fuera a vivir a otra traila que estábamos rentando, pasaron dos o tres meses y un buen día ya no llego a dormir, le llamé y le mandé mensaje y no hubo respuesta, estaba muy ansiosa y mi apego hacia él era sumamente grande, lloré muchas noches y él no llamó ni regreso hasta pasada una semana, cuándo me armé de valor y le saque todas sus cosas.

Todos mis sueños se habían desmoronando, y entonces recordé ese dicho que dice:

> *"No se pueden construir castillos de sal con lágrimas de alguien más, porque siendo de sal, tarde o temprano se vienen abajo"*

Entonces regresó y le pregunté si pensaba volver a la casa y me dijo que no, tomó los títulos de sus camionetas y de la traila donde vivía y se fue, por la noche regreso ya con una nueva idea, alegando que si no le regresaba el dinero que había dejado que era justamente lo que la traila costaba, entonces llevaría a sus familiares que venían de México a vivir ahí, y yo llena de ego y resentimiento le dije que no iba a seguir siendo chacha de nadie, nos montamos en nuestro macho y le dije que si no se iba llamaría a la policía, me reto y dijo pues llámala y lo hice, pero al momento de contestar colgué pero era demasiado tarde porque enseguida rastrean la ubicación y me regresaron la llamada y me retó a que contestara, al cabo yo no tengo nada que esconder, me dijo. Contesté y me preguntaron que si todo estaba bien y les dije que sí, pero que mi expareja no quería irse de la casa y llegaron inmediatamente, entonces antes de que entrarán él salió y me dijo: qué bueno que la llamaste, salió con una mirada desafiante y yo sabía que le había declarado la guerra y no iba a parar hasta destruirme, los psicópatas narcisistas, al ver que su presa se les escapa, buscan la manera en que se sientan vulnerables e incapaces de salir a delante y debo confesar que pasaron muchos días llena de miedo e incertidumbre porque sabía que estaba armando un plan y eso me llenaba de miedo, y él rápido encontró la manera, pues ya había estudiado a toda la familia y a mi hermana Ofelia le había hecho saber que estaba carente de dinero y de apoyo en todos los aspectos y pronto se acercó a ella y se mostró como la víctima, y mi hermana le creyó, tal vez por necesidad, interés o simplemente porque creyó en él, el punto fue que comenzó a trabajar para él y para eso ya habían comprado un terreno entre mi hermana Ofelia, Patricia y él.

Después de un tiempo me volvió a buscar y así estuvimos por un año más, decidí vender la traila porque me di cuenta que él había regresado a buscarme porque su plan era sacarme de ahí, solo que me le adelanté al cambiar todo a mi nombre y cuando quiso hacerlo él, ya era demasiado tarde porque ya me había llegado el título a mí, le compré un terreno a mi hermana Ofelia, que fue otro error más de mi parte por confiar en que era mi familia, esa es una brecha muy delgada que en cualquier momento te puede hacer resbalar y caer al precipicio, y eso solo era el comienzo de una nueva aventura que yo generé por mi falta de madurez y terquedad, al creer que un hombre me resolvería la vida.

Salí con mi camioneta con todo lo que pudo caber en ella y recuerdo haber manejado y haberme sentido como la mujer de Lot, que se menciona en la Biblia, a la que se le advirtió que no volteara hacia atrás porque se convertiría en estatua de sal, yo me sentí como si me hubiera quitado un enorme peso de encima, quería volver a comenzar desde cero y eso me hacía sentir muy emocionada, me sentía libre, feliz.

El lugar era hermoso pero fue muy duro limpiarlo, no tenía carretera, ni agua, ni luz, pero eso no me detuvo, ya había superado un cáncer y un accidente, con Dios por delante hice mi fuerte como yo le llamaba y toda mi familia me apoyo, unos con una cosa y otros con otra, poco después me llamó la persona que me había comprado la traila para decirme que mi ex nos había demandado a él y a mí y a la persona que le había vendido la traila, les confieso que sentía temor, después me di cuenta que solo quería hacerme sentir miedo, paso el tiempo y mi familia iba a pasar las noches conmigo allá en la naturaleza, hacíamos camping con tiendas de campaña y las fiestas de diciembre eran inolvidables, hacíamos fogata, tronábamos cuetes y hasta llegamos a hacer posadas, el terreno estaba en medio de la nada, tardábamos de 20 a 30 minutos en llegar cuando llovía y debía dejar mi camioneta con el vecino para que no se atascara, fue una aventura hermosa aunque agotadora y lo mejor que me sentía más cerca de Dios, dicen que nos aparta en la soledad a sus grandes guerreros y bueno, yo lo creo, ya que tuve muchos días para contemplar las estrellas y la luna resplandeciente preguntándome para qué estaba ahí, sabía que estaba huyendo, pero lo que no sabía era que lo hacía de mí misma, lo cual nunca lograría.

Recuerdo que en ese lugar estando a solas conmigo misma y con Dios, pude entender que me resistía a su amor cómo la oruga se resiste a su proceso de metamorfosis y se retuerce de dolor, yo lo hacía, pero con su abrazo, me resistía y me retorcía queriéndome zafar de algo inevitable, estando en mi soledad comencé a fumar a sabiendas que había pasado por un cáncer y eso queridos amigos, tuvo consecuencias graves.

Dios en su infinita misericordia, me mandó a un angelito de cuatro patas al que le llamé Tequila, era una hermosa perrita que alguien había abandonado y llegó a mí buscando comida, la adopté y ahora era mi compañera idónea, ella llegó cómo en septiembre u octubre del 2021. A finales de ese año, un día saliendo del trabajo, un joven de unos veintiún años, me golpeó en la parte de atrás de mi camioneta en una carretera, a unas 60 millas por hora, obviamente él iba más rápido que yo, y recuerdo que fue un golpe tan fuerte que comencé a dar de vueltas hacia el otro lado de la carretera, no tengo ni idea de cuantas vueltas di, sólo podía sentir los vidrios pegar por todos lados en mi cara y cuerpo y el cinturón de seguridad me apretó tan fuerte la cadera y el estómago, que al momento de detenerme no me podía sacar del cinturón, rápidamente llegaron varias personas a ayudarme y gritaban: debes salir de ahí y yo solo decía: no puedo. Uno de ellos con más calma me dio indicaciones más favorables y me extendió su mano para que pudiera apoyarme para desconectar el cinturón, así logré salirme por el parabrisas, la camioneta quedó echa trisas al igual que yo, de momento sentí dolor en la cadera y la espalda no me di cuenta que no podía mover el brazo izquierdo, me llevaron al hospital y cuando supieron mi historial médico, una enferma solo me dijo lo siento cariño, aún no sabía por qué me lo había dicho pero me preguntaron si quería llamarle a alguien.

Les respondí que sí y nuevamente llamé a mi ángel, a mi hermana Patricia que siempre han estado ahí apoyándome.

Les puedo confesar que me sentí culpable porque estuvo a punto de darle diabetes por todos los sustos que le metí, le llamé y le dije que estaba en el hospital de McKinley y que esta vez estaba peor y llegó inmediatamente, al verle su expresión en el rostro me di cuenta que me había ido muy mal, porque tenía cortadas en la cara y manos por los vidrios, tenía collarín y no podía mover el brazo izquierdo, me habían mentido al escáner para saber si tenía fracturas y sí, tenía dos fracturas en la columna y ya me querían dejar ir y les pregunté qué iba a pasar con mi brazo porque no lo podía mover, así que me tuvieron que hacer rayos x para ver qué tenia, el brazo estaba dislocado y desgarrado debían operar, lo más triste era una mancha en el pulmón derecho que posiblemente era una metástasis de mi cáncer del 2013, con esa noticia ya no podía asimilar qué era peor, si el tiempo que no iba a poder trabajar, el dolor de mi recuperación o comenzar otro tratamiento para el nuevo cáncer.

Y LLEGÓ EL CÁNCER POR SEGUNDA OCASIÓN

Fueron devastadoras cada una de las noticias y debía hacerlo por partes, así que me fui a vivir con mi hermana Patricia, porque me tenía que dormir casi sentada con una faja, lo menos hasta que pudiera moverme para que sellarán las fracturas de la columna, el collarín no lo aguantaba y casi no lo usé porque me dolía demasiado el hueso de atrás del cuello, hay amigos míos, no tienen una idea de lo duro que fue esa recuperación, me sentía cómo si me hubieran dado una buena paliza.

Mis hermanas y su buen humor no se hicieron esperar, comenzaron a llamarme con diferentes apodos como Franky por Frankenstein, RoboCop por cómo me veía con el cabestrillo y la faja en la espalda, gato porque ya había superado las 7 vidas, la mujer de hierro, en fin, tantos apodos y yo también yo contribuía con eso simulando que el cabestrillo era una ametralladora, yo quería hacer más llevadera mi situación y bueno, al principio todo pintaba bien, lo duro fue cuándo después de 4 meses comencé el tratamiento de quimioterapia nuevamente, tuvieron que hacerme una biopsia del pulmón para ver si el tipo de cáncer era el mismo de la vez pasada, eran noticias buenas y malas , la buena era que si era el mismo cáncer pero no se explicaban por qué estaba en el pulmón si solo salía en el endometrio de la matriz y la desventaja era que ese tipo de cáncer no se podía operar por lo delicado que es, así que lo único que quedaba era comenzar por hacerme las quimioterapias con el mismo medicamento y eso conllevaría a la alergia que me provocaba el carboplatino.

Les confieso que me costó mucho decidirme a comenzar el tratamiento, ya que sabía lo que conllevaría comenzar de nuevo, mi fe comenzó a flaquear, así que comencé a dudar y a renegar nuevamente, preguntándome por qué estaba pasándome todo eso, pero a mí mente llegó ese rayito de iluminación con la frase que decía:

"La lección se repite hasta que la aprendes"

y aún me faltaba mucho por aprender y experimentar.

Muchas veces me dije a mi misma que ya no podría soportar un tratamiento más de quimioterapia, Emeterio, mi ex pareja, todavía me seguía buscando, y entonces antes de comenzar el tratamiento le llamé porque quería hablar con él y preguntarle cómo estábamos en la relación, yo ya sabía la respuesta pero tenía la esperanza de que recapacitara y yo creía que por mi necedad me apoyaría, como les cuento que en el lugar donde vivía no tenía agua, solo luz solar y cocinaba con leña, debía irme a dónde por lo menos tuviera los servicios básicos y pudiera tener una mejor limpieza por lo delicado de las quimioterapias. Su respuesta fue que no podía llevarme a vivir con él porque él vivía con su hijo y sus trabajadores, yo la verdad solo quería saber si quería seguir con la relación y de lo demás me encargaría yo, como siempre, pero con esa respuesta que no tuvo más que una salida, se me salieron las lágrimas y le dije: está bien, solo quería saber eso, no pasa nada.

Anteriormente ya me había recalcado que él ya me había ayudado lo suficiente, así que doble la rodilla y le pedí apoyo al único que hasta ahora nunca me había dejado sola, a Dios.

Les puedo confesar que me dolió muchísimo escuchar su rechazo y su falta de empatía, pero al mismo tiempo me llenó de fortaleza y coraje para seguir adelante, comencé a buscar trabajo y con mucho dolor empecé a limpiar mis casas que aún me estaban esperando después de 4 o 5 meses, puse unas aplicaciones en el internet y me llamaron de la tienda Target, ya había comenzado las quimioterapias y les expliqué que necesitaba los días para las quimioterapias, y gracias a mi padre Dios me respetaron los días con mucha comprensión y amabilidad y le estoy muy agradecida a mi entonces supervisor LEO, al que le mando mil bendiciones dónde quiera que esté.

Me cansaba muchísimo y me dolía todo el cuerpo porque aún no me sentía bien del accidente, pero todos a mi alrededor comenzaron a apoyarme de una forma o de otra, mi amigo Don Francisco Moguel, que es masajista, me dio muchas terapias gratis, hasta que me sentí mejor, mil gracias por eso.

El trabajo ahí en Target era de caminar todo el día y subir y bajar escaleras, las consecuencias de las quimioterapias en mí era que se adormecían la planta de los pies y las manos, recuerdo que solo llegaba solo comía, me bañaba y me iba a dormir porque llegaba muy agotada.

No había pasado mucho tiempo cuándo un día, tratando de limpiar lo que más podía de la mercancía de la temporada de jardinería que tenía que sacar, subí la escalera para bajar una caja que el sistema me estaba pidiendo, y al querer jalarla se atoró, entonces para apoyarme mejor, me bajé uno o dos escalones y al momento de sacar la caja que se estaba atorando con la escalera y un barrote de metal, se destrabó con mucha fuerza y no pude detenerla y me empujó, caí con el pie derecho doblado hacia los escalones y el empeine pegó en los escalones fracturándome el empeine, tenía los 5 dedos fracturados y en total fueron 7 fracturas.

Ya era demasiado complicado para mi ir a trabajar y tener mis quimioterapias, porque ahora, además debía usar muletas con el brazo dislocado y todavía no estaba totalmente recuperada del accidente anterior, tuve que esperar más de un mes para la cirugía por cuestiones de la aseguradora y pasé cerca de 6 meses con la bota y muletas y tenía que lidiar con todo al mismo tiempo.

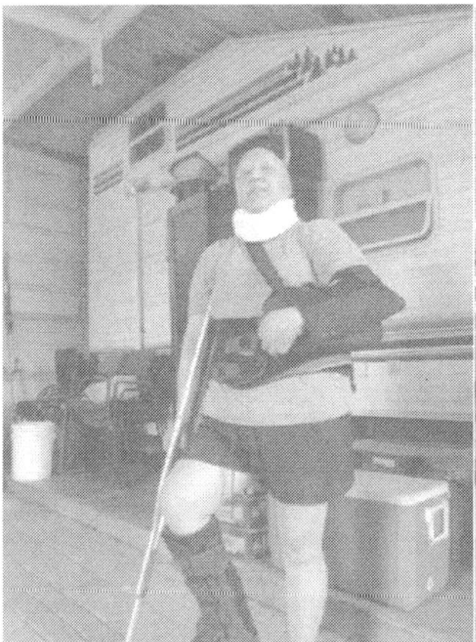

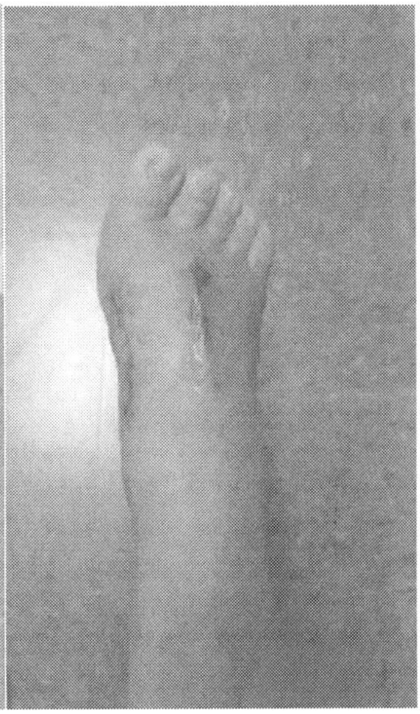

Ese tiempo fue muy divertido después de pasar por la frustración de terapias y llamadas al trabajo, mi hermana Patricia, que fue la que me dio su apoyo incondicional a tal grado que decidió cortarse el cabello durante mi proceso de quimioterapias como una muestra de apoyo y de empatía a mi persona.

Ella también me animaba a ir a clases de zumba, yo iba en mi scooter y ella me llevaba empujando y me sentaba a hacer ejercicios de brazo conmigo, ya saben, solo lo hacía para distraerme. Estando como atrapada entre cuatro paredes y mi única puerta con el mundo exterior eran mis redes sociales, así que abrí la aplicación de tiktok y fue ahí donde encontré a un gran amigo y compañero de celda, así lo llamé, ya que me sentía encarcelada. Este niño de 14 o 15 años miro un vídeo de mi accidente y dijo que se fascinó y me hizo una foto que me gustó mucho, se llama Goku, solo que en mujer.

Comenzamos a chatear y a ser amigos virtuales, me "tuneo" muchas fotos y mi bota también, pasábamos todos los días haciendo videos y bromeando y recuerdo que reíamos a morir, el me llamaba mamá y yo hijo, ya que le conté toda mi historia y la verdad nos tomamos un amor como de madre e hijo, lo amo tanto que, sin él, no hubiera sido fácil salir de ese bache, bendiciones hasta España mi querido Leo José Torcuato Canestro.

Todos los días chateábamos y hacíamos videos de retos con las muletas, él solo trataba de que se me olvidará mi situación en días que se me juntaban las preocupaciones y la frustración, siempre estaba ahí para mí, dándome ánimos y recordándome lo fuerte que yo era y que si había resistido todo lo anterior era capaz de darle un punta pie a la depresión y a las preocupaciones, me sorprendía su madurez y me preguntaba por qué un joven de esa edad estaba ahí dando de su tiempo en vez de andar con sus amigos o conquistando chicas, pero él también sabía lo que era estar en hospitales y sentirse solo, sólo alguien que ha pasado por lo mismo puede quedarse junto a ti, cuando todos se han ido o están lo suficientemente ocupados para llamar o preguntar ¿cómo te sientes?, con él todo era mágico y divertido y a mí se me olvidaba que era una mujer madura y el un adolescente. Él se encargó de hacerme sentir valiosa e importante, aquí les comparto unas fotos tuneadas por él.

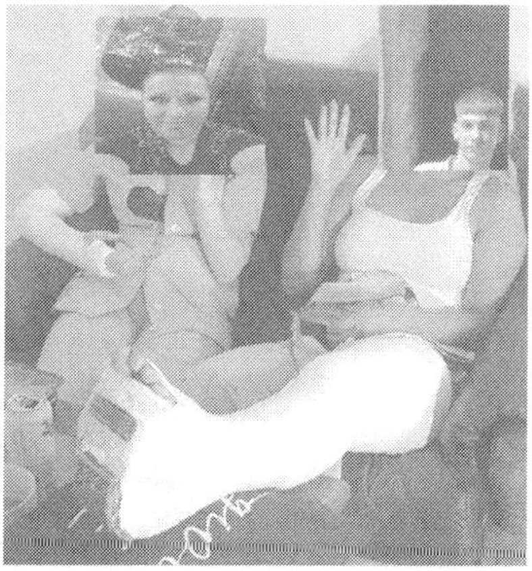

Despues de un tiempo, todo comenzó a tener sentido, comenzaron a llegar personas para guiarme y darme su mano de apoyo, en el trabajo conocí a Sandra, ella junto a su esposo Mauricio comenzaron a darme la buena nueva de lo que Dios tenía para mí, al igual que años antes, mi amiga Susana me había hablado de Dios y de que él tenía grandes cosas para mí, pero que aún debía aprender muchas cosas y pasar por ciertos obstáculos.

Sandra y su esposo Mauricio me guiaron por unos meses y me dieron instrucciones específicas de cómo tirar todas mis cosas, ropa, joyas, zapatos, etc. Eso fue un ejercicio difícil para alguien que tenía apegos tan arraigados, pero les obedecí, al igual que Susana, quien me hizo reflexionar sobre escribir un libro y bueno, aquí estoy con dificultades y retos, pero con el corazón en la mano dando lo mejor de mí.

Quiero dar la honra y gloria para mi padre Dios que sin su amor y misericordia nada de esto fuera posible.

Agradecimientos

Quiero agradecer a todas las personas o ángeles que Dios ha puesto en mi camino, el primero de ellos que fue mi tío José Carrillo, quien tuvo el valor de acercarse a mí cuando nadie más lo hizo y darme palabras de esperanza si cambiaba yo mi forma de vivir, fue el primer Ángel que Dios me mandó segura estoy, eso me guío a seguir buscando apoyo, después mando a Berenice que me llevó a alcohólicos anónimos, después a Santiago que me llevó a la escuela Descubrir, de desarrollo humano.

Durante ese tiempo conocí al mi maestro de vida más grande, mi expareja, de quien pude enamorarme y desenamorarme al mismo tiempo, con él, aprendí a perdonar y a saber que para poder construir un buen matrimonio se deben de tener cimientos sólidos, lealtad, confianza, respeto y amor, y que a pesar de que no resultara como esperaba, me enseñó lo más importante -al menos cómo lo veo ahora- que es el amarme y respetarme a mí misma.

He aprendido que no siempre voy a recibir lo que di de la misma forma que he dado, pero que también la vida te me va a agradecer de distintas formas y con diferentes personas.

Agradezco a toda mi familia que bien o mal han estado ahí para mí de diferentes maneras, unas con tiempo, otras con dinero, otras con un mensaje alentador, pero siempre ahí. Todos han sido importantes, pero quiero mencionar a mi prima Azucena Torres y a su esposo José Torres quienes me han brindado su apoyo incondicional siempre, en cada cáncer, accidente o circunstancia que he vivido, me han hecho saber que están ahí para mí por, sobre todo, gracias, gracias, por eso los amó.

A mí prima Cristina que me a acompañó a muchas quimioterapias al igual que mi hermana Patricia, mil gracias por eso.

También quiero dar gracias a mis padres que me pusieron "Valentina" y decirles desde aquí a donde quiera que estén, que le he hecho honor a mi nombre, creo yo.

Hace unas semanas también tuve que llevar a dormir a mi perrita, tenía cáncer la pobre, pueden creerlo, yo había escuchado decir a no recuerdo quien, que los perritos son angelitos que Dios nos manda para acompañarnos y que si tenemos alguna enfermedad él se la lleva, pues les puedo decir que es cierto, cómo me explican que ella también tenía endometriosis cuando la castraron, cómo me explican que le salió un tumor en la pierna izquierda, cómo comenzaron a salirle tumores por todos lados, esa decisión de dormirla ha sido una de las decisiones más difíciles que he podido tomar en mi vida, el tomar la decisión por alguien que no se pueden detender ni hablar es algo muy fuerte y doloroso, espero que dónde quiera que se encuentre sea feliz como lo fuimos juntas.

Hoy por hoy, estoy en paz conmigo misma, vivo un día a la vez agradeciendo cada momento, por el aire que respiro, y con la certeza de que no estoy sola, porque tengo la seguridad de que Dios me lleva de su mano a algo mejor que me espera, hoy le creó y sé que voy a encontrar a esa persona idónea que tiene para mí, sé y sueño con encontrar a ese hombre maravilloso y amoroso que, al igual que yo, anhela estar conmigo, así que universo, mándamelo pronto, gracias.

Aunque quiero mencionar algo más, creo que podrá ser en la continuación de mi próximo libro, tengo un mes chateando con un ex compañero de la secundaria Francisco Caballero, de quien recuerdo haber sido su amor platónico, recuerdo que me dio una carta declarándoseme, y ahora que lo volví a encontrar se lo recordé y para mí sorpresa me contestó cómo fue lo que eso pasó, dice él que me colocó la carta en mi mochila y que yo la leí después y yo le escribí la contestación y le dejé otra carta en su mochila diciéndole que no lo podía corresponder porque a mí me gustaba alguien más, yo me sentía mal por no haberle correspondido pero él me aclaró que fui muy respetuosa y le pedí que siguiéramos siendo amigos y así fue, me cuenta también que hasta le prestaba dinero para los exámenes y yo no recordaba nada de eso, pero se me hizo tan tierno y me enteré que el sigue soltero y yo también, así que no sé si la vida nos esté dando una nueva oportunidad, la cual que no quisiera desaprovechar, porque debo confesar que me enamoré de esa bella historia de cartas de estudiantes, sólo que existe un pequeño detalle, estamos a muchas millas de distancia, él vive en México y yo en USA, pero nada que no se pueda solucionar.

Antes de finalizar quiero agradecer a este maravilloso ser humano Fernando Rivera Melo que ha podido hacer posible este sueño, sé que han hecho malabares para que esto suceda, gracias por su tolerancia, paciencia y conocimiento porque me ha dado la confianza de saber que hay miles de maneras de lograr mis sueños, yo los invitó a contactarlo para que los pueda apoyar a lograr esos sueños frustrados que aun tengan truncados por ahí.

Fotos de algunas personas significativas en mi vida

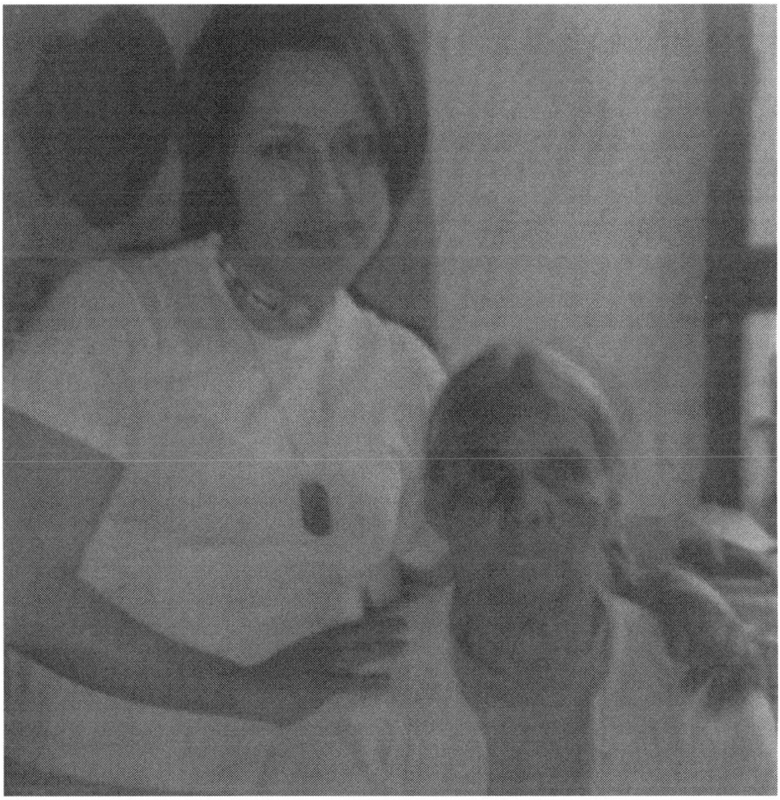

Mi abuelita Asunción Loa, mi segunda madre, love.

Mi hermana Ofelia y yo junto a nuestra borrega Lupita

Con mi hermana Graciela en su último cumpleaños en USA, pude pedirle perdón más de una vez y pude sentir su perdón en una última carta antes de fallecer el 29 de diciembre del 2023 a la edad de 50 años, que en paz descanse, me dejó esta carta que me envió a mi último retiro en AA, se las comparto porque fue como una despedida, haciéndome saber cuánto me amaba.

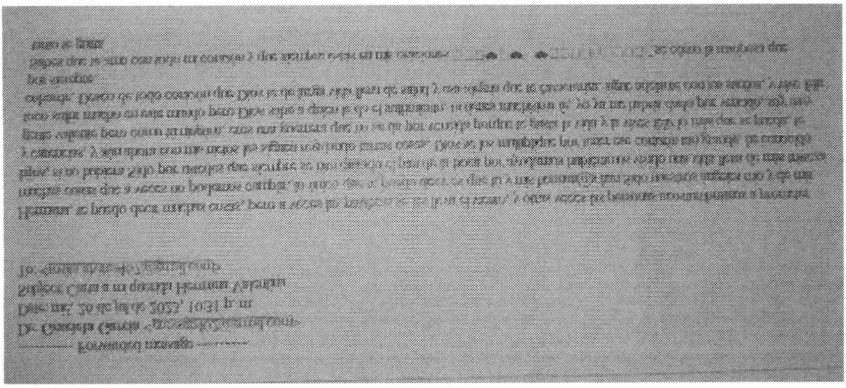

Fotos con mi hermana Graciela

Rosa María mi tía, quien me apoyo en mi adolescencia despues que mi mamá falleció y quien me trataba como su hija mayor, love.

Mis padres cuando contrajeron matrimonio, mi abuelito Venancio, mi tío Camilo y sus padrinos.

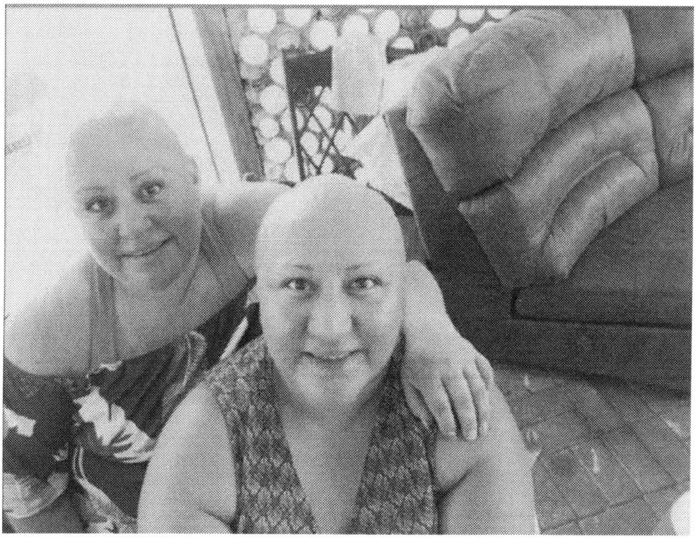

Mi hermana Patricia apoyándome con el proceso de la caída del cabello.

Todos los integrantes de mi familia, hermanas y sobrinas (o)

Mis sobrinas Ashley y Madeleine conmigo me dieron la oportunidad de ser madre.

Yo a mis 15 años con mis primas, quienes fueron mis primeras bebés, Carolina, Elizabeth y Nefris.

Todos los integrantes de la familia que somos signo cáncer, Lucía, Ofelia, Edgar, Cristina, Giovanni y yo.

En la boda de mi prima Azucena y José, solo faltó mi hermana Graciela.

Con dos grandes amigos en mi cumpleaños del 17 de julio del 2021, Herminio quien siempre me ha apoyado en las peores etapas me ha brindado su brazo para sostenerme y me dicho que si se puede, francisco un gran ser humano que me dio terapia de masaje por mucho tiempo gratis y me prestó su dirección para poder recibir quimioterapias sin eso no hubiera sido posible mi recuperación, Dios los bendiga, gracias.

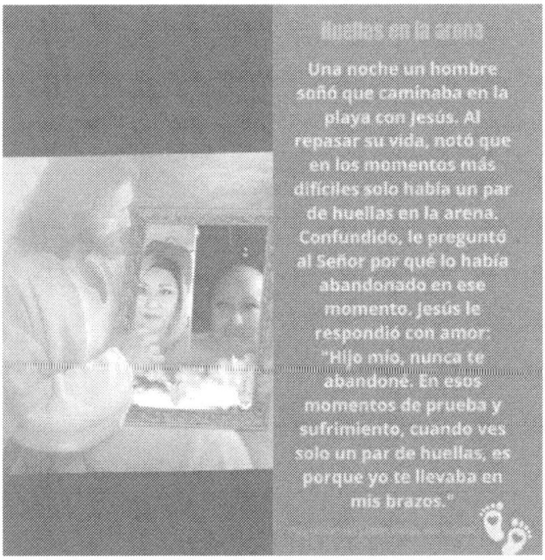

"El señor es mi pastor, nada me faltará, en lugares de verdes pastos he hace descansar, junto a aguas de reposo me pastorea, amén"

En el cumpleaños de la enfermera quien nos atendía en las quimioterapias, ya todas han fallecido, solo yo sigo adelante por la gracia de Dios.

Mis abuelitos, quienes fueron como mis padres, Asunción Loa y Venancio García.

Visión 38 de mi hermana Patricia, mi cuñado Armando Alfaro y mi prima Maribel Franco. Fui su apoyo.

Visión 45 de mi prima Adela Franco y Emeterio López, mi ex pareja, los apoyé de principio a fin.

Azucena y Abraham, hijos gemelos de mi tía Rosa María, mis primeros hijos a mis 15 años.

En memoria de mi primo Carlos Guerrero García, que perdió la lucha contra el cáncer y por todas las personas que aún siguen luchando contra esta enfermedad tan dura y triste, pero con una enseñanza de apreciar y agradecer la vida y la salud.

Mensaje Final

Gracias por llegar hasta el final, gracias por el tiempo que tomaste para leerlo querido lector, espero que te apoye en tu vida diaria y recuerdes que, si yo pude, tú también puedes, y que mientras estemos vivos, siempre, siempre hay un mañana y un nuevo amanecer, recuerda "Solo por hoy y un día a la vez"

Hace unos meses escuché la palabra resiliencia y se me hizo muy interesante porque nunca la había escuchado y al conocer su significado me inspiró a querer escribir este libro, ya que con lo que les he contado, pueden darse cuenta que yo he tenido una resiliencia enorme.

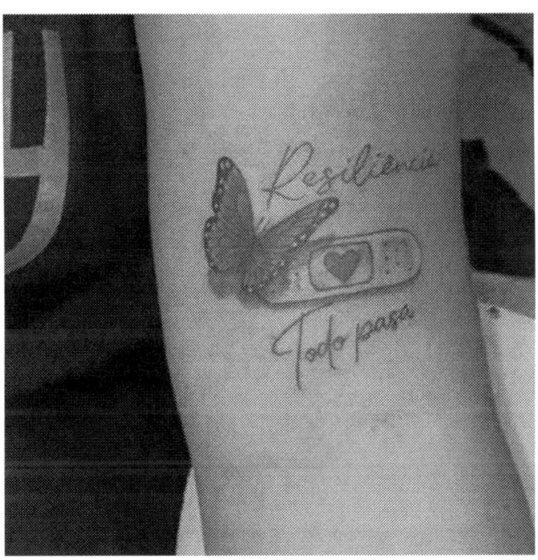

Querido lector, en esta biografía de mi vida, podrás encontrar un conjunto de eventos y relatos que estuvieron llenos de tristeza, dolor y angustia, pero que desarrollaron en mí una fe inquebrantable, la cual, en el transcurso del camino, me hizo dar cuenta que tenía un nombre llamando RECILIENCIA, ya que ser fuerte, fue la única opción que me quedó en la vida.

De la mano de Dios, encontré la fortaleza de enfrentar grandes retos como el de haber tenido dos veces cáncer y múltiples accidentes, él me dio la capacidad de descernimiento para apoyarme en programas de auto ayuda como Alcohólicos Anónimos, en un grupo de AA y de desarrollo humano y ahora, haciendo este libro, el cual también me ha apoyado de una diferente forma, al hacer un trabajo de limpieza interior me he dado cuenta que he sido una persona constante y perseverante, por lo cual, aún sigo de pie, sólo por la gracia de Dios.

Mi intención al hacerlo, es mostrarte con hechos que no importa lo que hasta ahora hayas pasado, siempre puede haber un mañana prometedor, esa luz en medio de la oscuridad, y mientras que tú corazón siga latiendo, siempre habrá una solución para cualquier circunstancia por muy difícil que parezca.

La vida no es perfecta, pero tiene momentos maravillosos, yo no cambiaría ni un segundo de mi vida porque cada cosa que me ocurrió, me hizo feliz o me dejó una importante lección.

"No sé puede hacer nada para cambiar lo que ya pasó, pero si se puede hacer mucho para cambiar lo que viene"

Y cómo dice esa frase que me encanta:

"Vale la pena volver a empezar una y mil veces mientras uno esté vivo"
Gabriel García Márquez

Ojalá y te des la oportunidad de leer este libro, y si lo haces, espero de todo corazón que te apoye a ti o a alguien más que conozcas y que algo de lo que esté en el interior de él, pueda serte útil en algún momento de tu vida.

Agradezco a mi apoyo principal que fue el quien me animó a lograrlo, pues para mí no era solo un sueño, era una necesidad la que tenía de contar mi historia al mundo para hacerles saber que, si se puede, Gracias Fernando Rivera Melo, Coach de talleres de desarrollo humano.

Mil gracias y bendiciones.

Valentina García González
Marzo, 2025

Para más información sobre cómo publicar algún libro, visita la página de COACHING CONDUCTUAL, S.C.

www.coachingconductual.mex.tl/ o mándanos un correo a friveramelo1@hotmail.com

Mérida, Yucatán, México

Made in the USA
Columbia, SC
23 March 2025

ba04577c-4ad2-4e71-9188-9423dd389592R01